Croyance et soumission

De la critique de la religion à la critique sociale
Réflexions à partir de Spinoza et Freud

Ouverture philosophique

Collection dirigée par
Dominique Chateau, Jean-Marc Lachaud et Bruno Péquignot

Une collection d'ouvrages qui se propose d'accueillir des travaux originaux sans exclusive d'écoles ou de thématiques.

Il s'agit de favoriser la confrontation de recherches et des réflexions, qu'elles soient le fait de philosophes « professionnels » ou non. On n'y confondra donc pas la philosophie avec une discipline académique ; elle est réputée être le fait de tous ceux qu'habite la passion de penser, qu'ils soient professeurs de philosophie, spécialistes des sciences humaines, sociales ou naturelles, ou… polisseurs de verres de lunettes astronomiques.

Dernières parutions

Karim BEN HAMIDA, *L'utopie du cerveau global. Le web 2.0 et la construction sociale de la connaissance*, 2019.
Enrique DUSSEL, *Vingt thèses de politique,* 2018.
Fabrice MOUSSIESSI, *Essai d'épistémologie comparative chez Imré Lakatos. Pour une nouvelle interprétation de la rationalité scientifique,* 2018.
Alberto DA SILVA, Florence DRAVET, Gabriela DE FREITAS, Gustavo DE CASTRO (dir.), *L'imaginaire de la catastrophe dans la communication et les arts*, 2018.
Dominique PAUL, *Entre chair et lumière. De la possibilité d'une distance critique par l'objet-image*, 2018.
Charles MAURICE, *La Société émancipatrice*, 2018.
Élie VOLF et Michel HENRY, *Rationalité en philosophie des sciences*, 2018.
Sylvie LOPEZ-JACOB et Éric DELASSUS (dir.), *Ce que peut un corps,* 2018.
Hichem GHORBEL, *Le monde chez Diderot, Connaissance, interprétation et signification*, 2018.
Pascal GAUDET, *Kant, Une sagesse pour notre temps*, 2018.
Auguste NSONSISSA, *Refaire le(s) monde(s) ?*, 2018.
Gisèle GRAMMARE, *Arts et artistes à vol d'oiseaux, Carnets*, 2018.
Ivan NEYKOV, *Être et Bien, Le Bien en tant que le sens de l'Être*, 2018.

Marie-Pierre Frondziak

Croyance et soumission

De la critique de la religion à la critique sociale
Réflexions à partir de Spinoza et Freud

L'Harmattan

Du même auteur

Jean-Jacques Rousseau, un guide graphique, Max Milo, 2015
Bergson, l'Essai sur les données immédiates de la conscience, in *Le temps vécu*, SEDES, 2013

Participations

Dictionnaire des inégalités, Armand Colin, 2014
50 fiches de lecture en philosophie, volume 2, Breal, 1999

5-7, rue de l'École-Polytechnique, 75005 Paris
http://www.editions-harmattan.fr
ISBN : 978-2-343-16365-9
EAN : 9782343163659

À Mathieu, Juliette et Simon
Que la raison et la liberté les guident toujours.
À Denis, mon âme-sœur, à qui je dois tellement.

Avant-propos

> « *Les hommes combattent pour leur servitude comme s'il s'agissait de leur salut.* » Spinoza, préface du *Traité théologico-politique* – XVIIe siècle.

Cet ouvrage a pour vocation de proposer un éclairage sur ce qui se présente comme le renouveau du phénomène religieux, avec, en premier lieu l'intégrisme islamiste, mais aussi l'influence croissante des « églises évangéliques », avec pour arrière-plan l'explication du phénomène même de soumission. Il s'agira ici non pas de proposer des explications historiques ou politiques, mais d'essayer de comprendre les mécanismes psychiques qui conduisent les hommes à croire en une entité supérieure, transcendante et à lui rendre un culte. Pour cela, nous nous appuierons sur deux grands penseurs, Spinoza et Freud, qui ont une commune approche de l'homme et des systèmes conceptuels au fond assez proches. Le premier a consacré une bonne partie de ses ouvrages à cette question, et aussi une bonne partie de ses recherches. Nous ferons appel ici en particulier au *Traité théologico-politique* et à *l'Éthique*. Pour le second, nous nous référerons essentiellement à *L'avenir d'une illusion,* même si, bien sûr, nous nous appuierons sur nombre de ses autres écrits. Toutefois, cette petite œuvre permet de mettre en perspective l'apport de la psychanalyse à l'élucidation de la manière dont fonctionne l'humanité, au-delà de l'individu singulier. Nous pourrons ainsi montrer que la psychanalyse, loin de n'être qu'une thérapeutique, est aussi, et peut-être surtout, un système de pensée qui nous permet de mieux nous comprendre, à l'instar de celui de Spinoza dont Freud pourrait s'être beaucoup inspiré, même s'il a eu quelques difficultés à reconnaître sa dette envers la philosophie en général, et envers Spinoza en particulier.

Nous espérons ainsi pouvoir donner un éclairage pour « ici et maintenant ».

Introduction

Dans le *Traité théologico-politique*, Spinoza n'a pas de mots assez durs contre les religions qu'on appelle « révélées ». Pour Spinoza il n'y a que la Nature, rien que la Nature, rien en dehors ni au-dessus. La première partie de *L'Éthique* est certes intitulée *De Dieu ou de la Nature*, ce qui peut prêter, ce qui a prêté à confusion. Mais pour Spinoza, Dieu est tout ce qui est, soit la nature, si l'on entend par nature la réalité dans toutes ses dimensions, rien de plus et il n'est aucunement question de lui rendre un culte ! Spinoza admirait, il est vrai, Jésus qu'il qualifiait de « plus grand des philosophes », non parce qu'il était le fils de Dieu mais parce qu'il était le modèle d'une existence au service de la raison, un homme qui a su enseigner à tous les véritables préceptes de vie. Spinoza n'ignore pas pour autant la réalité et sait que nombreux sont les hommes qui adorent un Dieu transcendant, une puissance surnaturelle à qui ils prêtent en réalité une figure humaine. Mais plutôt que de les condamner ou de s'en moquer, il va essayer de comprendre ce besoin d'adoration pour pouvoir le dépasser. Pour cela, il expose dans *l'Éthique* le mécanisme des affects, c'est-à-dire la manière dont l'homme se constitue, se construit et pâtit ou agit. Aucun jugement moral dans tout cela, que de l'analyse rationnelle. C'est en cela que la philosophie de Spinoza est essentielle et tellement convaincante, elle ne fait appel qu'à notre raison et lire *l'Éthique,* en un certain sens, est une activité performative. En effet, au fur et à mesure de la lecture, les mots font ce qu'ils disent, ils nous éclairent sur nous-mêmes et sur la manière dont nous devons vivre pour avoir une existence pleinement humaine. Quel rapport alors entre la philosophie de Spinoza et la psychanalyse élaborée par Freud ? Ce dernier est universellement connu, son travail et sa réflexion ont fortement et décisivement marqué le xxe siècle. Tout le monde a, ou croit avoir une idée, de ses apports aussi bien théoriques que thérapeutiques.

Notre point de départ ici est d'affirmer que la théorie construite par Freud s'inspire, emprunte beaucoup à la pensée, même au système de pensée constitué par Spinoza. En effet, la théorie des affects que celui-ci met en place est très proche de ce que fera Freud à propos des pulsions et des désirs inconscients, même si évidemment le concept d'Inconscient psychique est bien un concept freudien. Ce qui va nous intéresser ici n'est pas tant l'élaboration psychique en vue de la thérapie qu'a mise en place Freud, mais la psychologie sociale qu'il en a tirée, notamment concernant la notion de culture et plus précisément celle de religion.

Marthe Robert, dans la préface de 1988 de son œuvre *La révolution psychanalytique*, dit : « Loin d'être devenue caduque, (la psychanalyse) a encore bien des préjugés à déraciner ; et même, à en juger par le réveil des fanatismes religieux et des mysticismes vagues, le succès des sectes de tous ordres et la tolérance de gens réputés raisonnables à l'égard des croyances superstitieuses et des pires rituels exotiques, on pourrait tenir que sur un point essentiel – je veux dire l'assainissement de la pensée – la vraie révolution psychanalytique n'a pas encore commencé. », ce qui nous a confortée dans notre démarche. Nous pourrons ainsi montrer que la psychanalyse est un système de pensée qui permet de mieux nous comprendre en tant que sujet, mais aussi en tant qu'être social. En effet, ce qui nous est le plus intérieur, le plus propre, dépend de l'extérieur et le plus personnel est tributaire des autres. Ainsi, la formation du sujet est entièrement une socialisation, ce qu'avait parfaitement compris Spinoza en affirmant qu'« il n'y a rien de plus utile à l'homme que l'homme »[1]. Il s'agit de comprendre l'homme dans ses relations aux autres mais aussi à lui-même.

Nous situerons ainsi les emprunts de Freud à la philosophie. Par là-même, nous montrerons également en quoi la psychanalyse intéresse la Philosophie. Freud disait qu'il n'aimait pas les Philosophes. Pourtant, il s'en est beaucoup inspiré, tout en leur apportant beaucoup en retour. En effet, depuis l'émergence de la psychanalyse, on ne regarde plus le sujet humain comme avant, y compris philosophiquement parlant. La conscience et la raison toutes-puissantes ont été détrônées, non pas pour les humilier, mais au contraire pour mieux les comprendre. La psychanalyse en ce sens représente une critique du psychisme, comme Kant avait élaboré une critique de la raison, c'est-à-dire une analyse visant à mettre en évidence ses pouvoirs, mais aussi ses limites. Freud a véritablement opéré à ce propos, comme il l'a dit lui-même dans *Une difficulté de la psychanalyse* (1916), une révolution de pensée, à l'instar de l'héliocentrisme de Copernic (1543) et de la théorie de l'évolution de Darwin (1859).

Nous espérons ainsi pouvoir donner un éclairage à notre présent et nous donner les moyens de davantage contrôler notre existence. La psychanalyse, comme la philosophie, est une entreprise de libération, et libération d'abord de soi-même, une libération qui exige au premier chef de nous libérer de la croyance religieuse, chose aisée dès lors qu'on en comprend rationnellement les mécanismes.

[1] Spinoza, *Éthique*, partie IV, proposition 35. Citée dans la tradution Pautrat (le Seuil). Dans la suite les références à l'*Éthique* seront données entre parenthèses avec une abréviation sous la forme E4P35.

Psychanalyse et Philosophie

Freud et la Philosophie

Si l'on veut résumer en une idée la révolution freudienne, il s'agit de la découverte de l'Inconscient. Non qu'avant Freud on n'ait pas eu déjà une idée d'un inconscient, mais certainement pas de façon aussi élaborée et systématique. Pourquoi Freud parle-t-il de révolution ? Jusqu'alors le sujet (et lorsqu'on parle de sujet, il s'agit de l'être humain, le sujet étant celui qui est capable de dire « je » et donc de se penser lui-même) était pensé comme totalement maître de lui-même et de son psychisme. Avec l'affirmation du primat de l'Inconscient, la conscience est amputée de ses privilèges acquis depuis Descartes, comme conscience claire et transparente à elle-même, donc libre. Avec l'affirmation d'un Inconscient, on est bien obligé d'admettre que le sujet est déterminé par des éléments qui lui échappent et qu'il n'est donc pas complètement maître de ses actes et de ce qu'il est. Cela a également pour conséquence, et pas des moindres, que ces actes qui devraient être moraux sont, au moins en partie, conditionnés par des déterminismes affectifs ou passionnels, ce qui remet en cause les fondements de la morale, puisque si c'est l'Inconscient qui nous gouverne, nous ne sommes pas complétement libres de nos choix et donc nous n'en sommes peut-être pas complétement responsables. Spinoza, s'il ne parlait pas encore d'Inconscient, avait déjà entrevu cette difficulté à comprendre l'origine de nos actes puisque qu'il affirmait dans *L'Éthique* : « Les hommes se croient libres pour la seule raison qu'ils sont conscients de leurs actions, et ignorants des causes par quoi elles sont déterminées. » (E3P2S). Spinoza, qui se donne pour objectif la liberté humaine (voir V^e partie de l'*Éthique*) met en évidence que la première chose à laquelle nous sommes soumis, ce n'est pas la réalité extérieure, mais l'influence de nos propres affects. Et ce qui nous atteint, ce n'est pas la réalité en tant que telle, mais l'effet de la réalité sur nous par l'intermédiaire de notre imagination. C'est celle-ci qui développe toutes nos craintes et produit toutes nos soumissions, et qui en quelque sorte nous rend malades, et dont il faut nous guérir. C'est pourquoi il faut s'en affranchir par le développement de la connaissance et l'usage de la raison.

Sur ce plan, Freud s'inscrit dans le chemin ouvert par Spinoza. Comme le souligne Christian Jambet, dans un article du Magazine Littéraire (hors-série 2e trim. 2000) : « [Les écrits de Freud] nous parlent de la guerre et de la mort, du lien libidinal entre les hommes rassemblés, de l'essence de la maîtrise qui s'exerce sur eux, avec leur accord, selon les représentations imaginaires de leur désir. » Comme Spinoza, Freud cherche ainsi, au moins indirectement, l'origine de la maîtrise sociale et de la soumission. D'une autre façon, Leibniz avait bien compris que la conscience n'était pas toute puissante, puisque dans les *Nouveaux essais sur l'entendement humain,* il évoquait le phénomène des petites perceptions inconscientes à propos du bruit des vagues. De la même manière, lorsque nous écoutons un morceau de musique, nous n'entendons pas chaque note, la perception de chacune d'elle est pourtant nécessaire pour que l'on entende le morceau dans son ensemble. Enfin, Nietzsche remet assez radicalement en question la notion de conscience. Dans *Par-delà bien et mal* (§17), il explique que la conscience n'est qu'une croyance, et même qu'elle n'est qu'une superstition due à la grammaire. Ainsi, nous dit-il, dans toute phrase, il faut un sujet, donc nous avons décidé qu'il fallait donner un sujet au verbe *penser*. Mais ainsi on passe sans légitimité d'un sujet grammatical à l'idée d'un sujet réel. Or, rien ne nous dit que ce quelque chose, la conscience, soit un sujet réel. Il dénonce ici la croyance en la vérité éternelle de la grammaire, c'est-à-dire au syllogisme. Cependant un syllogisme peut être faux, si ses prémisses sont fausses ou si les termes sont indéfinis : pour penser il faut un sujet qui pense, or il y a de la pensée, donc je pense. Néanmoins, il serait nécessaire de déterminer ce qu'est la pensée. A cette croyance, Nietzsche oppose donc un fait : il existe des pensées qui viennent à l'esprit sans que nous les ayons voulues. Cela signifie, pour Nietzsche, que je ne suis pas une substance pensante, car dire « je pense » présuppose que « je » est l'auteur de sa pensée, c'est-à-dire de toute l'activité psychique, ce qui est un peu présomptueux. Donc, il vaut mieux dire « quelque chose pense ». On ne peut s'empêcher d'évoquer ici le « Ça pense » que formulera Lacan presque un siècle plus tard

Le cogito cartésien, saisi dans une intuition et posé comme « certitude immédiate » ne serait ainsi qu'un postulat et non pas une évidence Ainsi, Nietzsche fait déjà une âpre critique du cogito cartésien et anticipe à sa manière la notion d'Inconscient développée par Freud.

On peut donc voir que Freud n'invente pas la notion d'Inconscient. C'est une idée qui est dans l'air depuis un bon moment, presque contemporaine de l'invention cartésienne de l'ego conscient de lui-même ! En effet, si la conscience de soi est constitutive de l'être humain, force est de constater pourtant que nous sommes incapables d'expliquer l'origine de la plupart de nos pensées et qu'il est impossible, par ailleurs d'avoir conscience de tous les processus psychiques de façon simultanée. L'hypothèse de l'Inconscient semble donc nécessaire pour expliquer notre vie psychique, qui est incompréhensible, si on ne la considère qu'à travers ce dont nous avons conscience. C'est pourquoi l'apport de la psychanalyse va être déterminant et va dépasser la psychologie classique scindée entre la psychologie classique de la conscience et de la représentation d'un côté, qui affirme que l'affectivité relève d'une connaissance confuse qu'une connaissance claire et distincte permet d'élucider, à la façon de Victor Cousin, et de l'autre côté le behaviorisme basé sur l'analyse et le repérage de schémas d'action faisant passer au second plan les représentations. La psychanalyse va permettre de comprendre et de rendre compte de la contradiction entre la nature (en nous) et la société auxquelles chacun est confronté, contradiction inhérente à ce que nous sommes. Expliquer les comportements sans cette dimension c'est les réduire au mécanisme, comme le fait le Behaviorisme, mécanisme insuffisant pour expliquer ce que nous sommes.

Dette de Freud envers la philosophie

C'est pourquoi nous voudrions quand même insister ici sur la dette de Freud envers la Philosophie, même s'il n'a jamais voulu la reconnaître réellement. Cette dette permet de comprendre un peu mieux pourquoi la philosophie d'ailleurs s'intéresse à la psychanalyse. Freud a reconnu avoir lu Spinoza : « J'avoue volontiers ma dépendance à l'égard des enseignements de Spinoza. Si je n'ai jamais pris la peine de citer directement son nom, c'est que je n'ai pas tiré mes présupposés de l'étude de cet auteur mais de l'atmosphère créée par lui. Et parce que je n'avais rien à faire d'une légitimation philosophique. »[2]. Il suffit de lire Spinoza pour voir combien Freud s'en est inspiré, notamment toute la partie III de l'*Éthique* portant sur le rôle des affects, et bien entendu la notion de conatus, que Freud transforme en pulsion. Comme Spinoza, Freud comprend également qu'avant d'espérer se libérer des servitudes sociales, il faut

[2] Freud, *Lettre à Bickel*. 28 juin 1931 (physicien d'origine ukrainienne).

d'abord essayer de se libérer de soi-même, c'est-à-dire se libérer de la force des pulsions, ou des affects, en effectuant un travail de compréhension sur soi-même. Il saisit que l'aliénation est constitutive de ce que nous sommes, qu'elle est première. De la même façon, on retrouve des prémisses de cette idée chez Schopenhauer, même si Freud se défend de s'y être référé tout en reconnaissant leur existence : « Peu d'hommes, sans doute, s'en rendent clairement compte : ce serait une démarche lourde de conséquences pour la science comme pour la vie pratique que d'accepter l'hypothèse de processus psychiques inconscients. Mais hâtons-nous d'ajouter que ce n'est pas la psychanalyse qui, la première, a fait ce pas. D'éminents philosophes peuvent être cités pour ses devanciers, avant tout autre le grand penseur Schopenhauer, dont la « volonté » inconsciente équivaut aux instincts psychiques de la psychanalyse. C'est ce même penseur, d'ailleurs, qui, en des paroles d'une inoubliable vigueur, a rappelé aux hommes l'importance toujours sous-estimée de leurs aspirations sexuelles. »[3], Schopenhauer ayant emprunté lui-même à Spinoza… Mais : « En ce qui concerne la théorie du refoulement, j'y suis certainement parvenu par mes propres moyens, sans qu'aucune influence m'en ait suggéré la possibilité. Aussi l'ai-je pendant longtemps considéré comme originale, jusqu'au jour où Otto Rank eut mis sous mes yeux un passage du *Monde comme volonté et comme représentation*, dans lequel Schopenhauer cherche à donner une explication de la folie. Ce que le philosophe dit dans ce passage au sujet de la répulsion que nous éprouvons à accepter tel ou tel côté pénible de la réalité s'accorde tellement avec la notion du refoulement, telle que je la conçois, que je puis dire une fois de plus que c'est à l'insuffisance de mes lectures que je suis

[3] Freud, 1933, p.10.

redevable de ma découverte. »[4]. Et enfin : « Les larges concordances de la psychanalyse avec la philosophie de Schopenhauer – il n'a pas seulement soutenu la thèse du primat de l'affectivité et de l'importance prépondérante de la sexualité, mais il a même eu connaissance du mécanisme du refoulement – ne peuvent se déduire de ma familiarité avec sa doctrine. J'ai lu Schopenhauer très tard dans ma vie. »[5]. On ne peut toutefois s'empêcher de douter de la bonne foi de Freud. En effet, il n'hésitait pas à se réclamer, quand cela l'arrangeait, de l'autorité des philosophes, y compris de celle de Schopenhauer, et d'autant plus que ce dernier était particulièrement lu au XIXe siècle dans l'empire austro-hongrois. Il le dit lui-même dans une lettre à Fliess du 2 avril 1896 : « Je n'ai aspiré dans mes années de jeunesse qu'à la connaissance philosophique et maintenant je suis sur le point de réaliser ce vœu en passant de la médecine à la psychologie. »

A notre connaissance, il n'a pas reconnu sa dette envers Leibniz ou même Nietzsche. Pourtant, là aussi apparaissent des inspirations ou, à tout le moins, des ressemblances frappantes. Nous n'insistons tant ici sur la dette de Freud envers la Philosophie, que pour expliquer que cette notion d'Inconscient constitue d'abord un problème philosophique, qui explique donc que la philosophie s'intéresse à la psychanalyse et que faire ce lien n'a rien d'incongru.

Théorie sexuelle et rêve : éléments fondateurs de la psychanalyse

Essayons maintenant de résumer schématiquement les principaux éléments fondateurs de la théorie freudienne. Freud émet trois hypothèses : 1) certains troubles somatiques

[4] Freud, 1966, p.79.

[5] Freud, 1984, p.100.

(hystéries) ont une signification psychologique ; 2) ces troubles renvoient au vécu infantile ; 3) le contenu de ce vécu est fondamentalement sexuel. En ce sens, sa théorie sexuelle infantile et le rôle des rêves vont constituer les deux piliers fondateurs de la psychanalyse. Ainsi, en 1897 il commence son auto-analyse et comprend l'importance du fantasme sexuel, pris entre la vérité et la fiction investie d'affect. En effet, il pense d'abord que chaque sujet serait « victime » de la séduction parentale, sans pouvoir faire la part entre le réel et le fantasmé, séduction à l'origine de la névrose. Il se rend compte ensuite que ce ne sont là que des fantasmes imaginés par les patients. Il réalise alors que c'est l'enfant qui cherche à séduire le parent de sexe opposé, qui éprouve donc des désirs incestueux. Ainsi Freud découvre-t-il que la réalité psychique inconsciente est extrêmement fantasmatique et a pourtant une importance décisive dans la construction du sujet. Il n'évoque pas encore le complexe d'Œdipe, mais s'en approche. Toujours est-il que désormais Freud a fait le lien entre sexualité infantile et rêve : les deux sont l'expression de désirs refoulés. La névrose découle de ces désirs infantiles refoulés, désirs qui s'expriment alors au travers de symptômes névrotiques comme au travers des rêves. En effet, les désirs refoulés ne doivent surtout pas ressurgir de manière brutale et évidente. Symptômes névrotiques et rêves sont alors des moyens pour « lutter » contre la satisfaction sexuelle directe. Les « matériaux » de nos rêves seraient ainsi issus des désirs sexuels refoulés de notre prime enfance (entre un et deux ans), dont nous n'avons évidemment pas gardé le souvenir.

On peut comprendre que sa théorie de la sexualité infantile va provoquer force remous et oppositions, en particulier dans la société bourgeoise hautement puritaine qu'est la Vienne de son époque. Avec *L'interprétation des rêves* (1900), Freud était passé pour un charlatan, avec ses *Trois essais sur la théorie de la sexualité* (1905), il sera considéré comme un être pervers, dévoyé, peu crédible et particulièrement immoral, voire comme un « ennemi des idéaux de la civilisation ». De plus, ce qui lui sera vivement reproché c'est l'affirmation que les plus hautes réalisations humaines, les plus nobles, sont issues de la sublimation de l'énergie des pulsions sexuelles refoulées, abolissant les frontières entre le normal et le pathologique. Un peu comme si, avec cette théorie il nous mettait en-dessous de l'animal. Il sera donc ostracisé par nombre de ses pairs et longtemps méprisé par la bonne société viennoise. Toutefois à ceux qui reprochent à Freud de réduire toutes les conduites humaines à la sexualité, on peut répondre que le sexuel n'est pas seulement le génital, mais correspond à tout l'affectif par lequel le moi se constitue en se liant à autrui et en construisant des relations intersubjectives. On ne devient pas homme sans ces relations. En ce sens, un auteur comme Merleau-Ponty viendra confirmer ces affirmations freudiennes en montrant que la rencontre de l'autre a lieu d'abord sur le plan des corps. En effet, ce que va mettre en évidence Merleau-Ponty est le fait que nous reconnaissons l'autre par notre appartenance commune à une même corporéité. Un enfant humain reconnaît très rapidement les autres humains comme humains et ne les confond pas avec les autres animaux. Cela bien avant de se mettre à parler, bien avant d'entrer dans le symbolique. Cette intersubjectivité corporelle fonctionne un peu comme une caisse de résonnance dans laquelle les gestes de l'autre font sens et m'ouvrent des possibles. La peur que je lis sur le visage de l'autre ne me demande pas réflexion pour être comprise, mais mon corps la comprend immédiatement et me prévient du potentiel danger. Ce point de vue phénoménologique confirmerait l'existence des traumatismes infantiles non dicibles et sur lesquels la psychanalyse travaille pour comprendre ce qui se trame à l'intérieur du sujet.

Nous pouvons donc constater que l'axe principal de la pensée freudienne repose sur la compréhension du mécanisme des affects, sur ce que perçoit d'abord le corps. Il met en évidence l'articulation entre la pulsion et l'imaginaire, c'est-à-dire la représentation de la pulsion qui parvient au psychisme et qui est toujours fantasmatique. Et c'est par là que Freud se rattache directement à la problématique spinoziste.

Spinoza : affectivité et conscience

L'homme n'est pas un empire dans un empire

Pour expliquer la soumission aux règles de comportement, aux règles sociales et culturelles, Freud a élaboré le concept de Surmoi, instance psychique inconsciente qui intériorise les interdits sociaux et intègre les règles à suivre. Sans doute cette instance est-elle en jeu dans l'adhésion religieuse permettant l'adhésion à des valeurs qui nous sont extérieures. Ou encore, toujours dans une optique freudienne, on peut comprendre le phénomène de soumission, et en particulier soumission à un ordre religieux, comme un désir d'appartenance et de reconnaissance. Il s'agirait peut-être alors d'une incapacité à rompre le lien maternel et du besoin « déguisé » du Père. On aurait ainsi affaire à une infantilisation, qui se perdrait dans l'illusion et l'esprit de sérieux. Et pour aller encore plus loin, on pourrait se demander si pour échapper à l'abandon au monde, on ne préfère pas s'abandonner soi-même, ce qui pourrait être une autre figure de la haine de soi. Celle-ci pourrait bien former l'ingrédient principal dans la soumission aux logiques de groupe et dans les mécanismes de « colonisation des consciences ». Pour échapper à la mort, on ne ferait que la vouloir, ce qui correspondrait à un retournement de la pulsion de vie contre la vie elle-même, ce qui conduirait à l'extrême à la cruauté, à l'inhumanité comme on peut le repérer dans les mouvements terroristes y compris religieux.

Cependant, si certaines de ces explications peuvent avoir leur champ de pertinence, il nous semble qu'elles doivent à leur tour être éclairées par une analyse qui se situe à un niveau plus fondamental : Spinoza, en partant de la dynamique propre de la vie de l'individu, évite d'avoir recours à toutes les explications exogènes et peut fournir les bases d'une anthropologie à partir de laquelle pourront être réarticulées les explications freudiennes.

Ainsi, il ne s'agit pas ici de valoriser l'égoïsme ou l'individualisme, il ne s'agit pas d'échapper à l'intersubjectivité, qui représente la condition de l'accès à la singularité, il ne s'agit pas de rejeter ou de mettre en cause le rôle propre du social, mais de comprendre l'articulation nécessaire individu/société, c'est-à-dire la genèse du social à partir des déterminations propres des individus, car les individus partent toujours d'eux-mêmes.

C'est pourquoi, à partir de la lecture de Spinoza, nous pourrons tenter de comprendre « de l'intérieur » le phénomène d'adhésion à la croyance religieuse commun à la très grande majorité des hommes et de montrer que cette adhésion ne relève pas d'une servitude volontaire, mais du fait même de la nature humaine lorsqu'elle ne fait pas l'effort de se comprendre elle-même, c'est-à-dire parce qu'elle en reste au stade des idées inadéquates. En effet, la servitude volontaire suppose une décision, un libre-arbitre. Or, selon Spinoza, si l'homme est conscient de ses actes, il ignore les causes qui le déterminent à agir (E3P2S). L'homme ne maîtrise pas ce que la nature (et sa nature) lui « dicte » de faire, il ne peut donc revendiquer un libre-arbitre, il ne peut donc se soumettre au gré d'une décision, il ne peut se soumettre volontairement. La volonté, pour Spinoza, ne peut être distinguée de l'intellect, c'est-à-dire au fond que la libre volonté, au sens du libre arbitre, n'est qu'une illusion. Ainsi nous pourrons montrer le rôle de l'imagination, non pas comme simple source d'illusions, voire d'illusions délirantes (« la folle du logis » dont parlait Montaigne), mais comme premier mode d'appréhension inévitable de la réalité qui, à la fois nous permet de persévérer dans notre être, même de manière illusoire, et nous préserve de la peur par la croyance aux superstitions, mais qui en même temps nous maintient dans la soumission par défaut de savoir.

C'est pourquoi, il est important ici de réaffirmer avec Spinoza que le Corps et l'Esprit sont une même chose comprise sous deux attributs différents et que les idées que nous formons correspondent à ce que nous percevons, que nous ne décidons pas des idées qui sont dans notre esprit. Cela peut expliquer que nous confondions la réalité et l'effet de la réalité sur nous par l'intermédiaire des affects du corps et de l'image que nous nous faisons de ces affects. La compréhension de cette confusion, de cet « écrasement » entre l'idée de la chose et l'idée de son effet sur nous peut nous permettre d'expliquer en partie le phénomène de soumission et peut-être donc de nous en libérer.

Ainsi, selon Spinoza, l'homme n'est pas un empire dans un empire (E3, Préface) : il est une partie de la nature dont il suit le cours. Ce qu'il est ne peut en aucun cas faire l'objet d'un jugement moral. Il n'y a, nous dit Spinoza, dans les comportements humains considérés absolument, ni vice, ni vertu, juste l'expression de la nature, voilà ce qu'il nous faut comprendre. Les êtres vivants sont animés par leur conatus, c'est-à-dire qu'ils s'efforcent de persévérer dans leur être. Pour l'homme, le conatus s'exprime[6] dans le désir (l'appétit avec la conscience de lui-même) : « puisque l'homme pense, il est conscient de cet effort ; et cette conscience s'appelle le désir »[7] et donc le désir constitue l'essence de l'homme et cherche toujours à réaliser son utile propre qui

[6] Gilles Deleuze a montré l'importance de l'expression dans la logique philosophique de Spinoza. Les attributs expriment la substance, les modes sont aussi expressifs. Voir Deleuze, 1968.
[7] Billecoq, 1997, p. 59.

est la conservation de son être : « Tout individu, qu'il soit fini ou infini, apparaît ainsi comme la résultante de ses propres effets »[8]. Mais l'homme, en tant que mode fini est affecté par tous les autres modes finis, hommes ou choses, lesquels vont le déterminer affectivement et les affects, nous dit Spinoza, sont toujours liés à l'imagination. En effet les affects que l'esprit perçoit sont les idées des affects du corps, idées que chacun forme avec son imagination, sa représentation. Or ces idées formées par l'imagination, si elles peuvent nous faire croire que nous suivons notre utile propre, peuvent nous fourvoyer, car les idées formées par l'imagination sont des idées inadéquates, c'est-à-dire des idées d'effets dont on interprète mal les causes. Par exemple, je crois que cet homme est amoureux de cette femme car il la courtise, alors qu'en réalité il est un Don Juan. Je constate un effet dont j'analyse mal ici la cause, c'est le même processus qui opère avec les idées inadéquates formées par l'imagination quand elle se représente les affects. Mais ces idées inadéquates ne sont pas de « mauvaises » idées, elles sont « naturelles », car l'imagination est une étape nécessaire, un mode naturel de la connaissance. Il nous semble donc que c'est en prenant en compte et en comprenant ce premier stade qu'on peut espérer le dépasser.

Mais revenons plus précisément sur tout ceci.

Définition de la nature et de la nature humaine

Dans la première définition, de la partie I de l'*Éthique,* que Spinoza nous donne, il indique que ce qui est cause de soi est « ce dont l'essence enveloppe l'existence » (E1D1). De même nous précise-t-il à la septième définition « est libre la chose qui existe par la seule nécessité de sa nature, et se

[8] Matheron, 1988, p.22.

détermine par soi seule à agir » (E1D7). Est donc libre ce qui est cause de soi. Or seule la substance est cause de soi, c'est-à-dire Dieu ou la nature (E1D6), ce qu'affirme Spinoza dans la troisième définition. En outre, la substance peut se comprendre par une infinité d'attributs. Mais l'homme est un mode fini de Dieu, une manifestation de la substance, que, comme toute chose, nous humains ne pouvons connaître que sous deux attributs que sont la pensée et l'étendue. Le corps et l'esprit sont donc une seule et même chose exprimée sous deux attributs différents. Ne connaissant que deux attributs, et seulement deux, l'homme est un être « fini en son genre » (E1D2). Il n'est donc pas cause de soi, donc il n'est pas libre. En effet, l'homme existe par une cause extérieure à lui, il est déterminé à exister d'après l'action de ses parents qui l'ont engendré, et du fait même de la nature. Il est donc contraint par un autre, ou plus largement par autre chose que lui-même, à exister et à agir en fonction des actions qu'il subit.

A l'inverse, exister de sa propre nature et être déterminé par soi seul à agir signifierait agir toujours conformément au principe de conservation de sa propre existence et donc ne jamais pouvoir être détruit. L'être humain n'étant pas *causa sui*, il est donc toujours contraint et soumis à une cause extérieure, que ce soit celle de la nature ou celle des autres modes finis. Cela peut expliquer que le plus souvent nous soyons passifs, asservis aux causes extérieures et en butte aux conflits avec les autres individus. En effet l'homme doit sans cesse composer avec les autres hommes : « une chose finie, quelle qu'elle soit, ne peut jamais être pensée par elle-même absolument pour elle-même, mais seulement relativement par l'intermédiaire de son rapport à autre chose, rapport qui passe nécessairement par son appartenance à un genre d'être déterminé, dont elle ne peut du tout être déliée. »[9]. Mais comme tout être vivant, et même s'il n'existe pas de sa propre nature et s'il n'est pas déterminé par lui seul à agir, l'homme tend à persévérer dans son être, avec certes moins de perfection que s'il était *causa sui*. Néanmoins, plus il agit selon ses propres déterminations, en fonction de son utile propre, c'est-à-dire ce qui sert son conatus, moins il subit et plus il existe. Plus son esprit a alors d'idées adéquates, c'est-à-dire lorsque les idées sont produites en son esprit comme elles sont produites en Dieu ou dans la réalité, plus il est donc éternel ou encore plus il pense en Dieu ou conformément à la nature.

Modernité de Spinoza

Si l'on admet, comme Spinoza, que tout être vivant tend à persévérer dans son être, on s'aperçoit qu'il est très moderne, puisque la biologie est allée dans ce sens : ce qui pousse le vivant à se développer, ce sont tous ses déterminismes physiologiques, sans pour autant qu'il soit nécessaire de faire référence à une âme (*animus*) qui viendrait animer une matière inerte. En effet, dans E2, Spinoza affirme que « Si le Corps humain est affecté d'une manière qui enveloppe la nature d'un corps extérieur, l'Esprit humain contemplera ce même corps extérieur comme existant en acte, ou comme étant en sa présence, jusqu'à ce que le Corps soit affecté d'un affect qui exclue l'existence, ou la présence, de ce corps » (E2P17). Cela signifie que nous nous faisons une image de ces corps extérieurs qui affectent notre corps et dont ce dernier garde les traces des modifications qu'il subit aussi longtemps que rien ne vient les effacer, comme l'Esprit garde les idées des affections du Corps provenant des corps extérieurs.

[9] Macherey, 1998, p.37.

Ces images sont exactement des idées d'affection du corps, dont celui-ci garde l'empreinte. Avec Spinoza, on a une théorie physiologique de la conservation des souvenirs, mais aussi une explication de la manière dont nous nous construisons : « Si le Corps humain a une fois été affecté par deux ou plusieurs corps à la fois, quand ensuite l'Esprit en imaginera un, aussitôt il se souviendra aussi des autres » (E2P18) et « Par là nous comprenons clairement ce qu'est la Mémoire » (E2P18S), c'est-à-dire que cette dernière correspond à l'enchaînement des idées des affections du Corps humain, lequel permet d'expliquer le fait que « l'Esprit, de la pensée d'une chose, tombe aussitôt dans la pensée d'une autre qui n'a aucune ressemblance avec la première » (E2P18S) , parce ce que le Corps a été auparavant affecté par les deux, c'est-à-dire « suivant l'ordre que l'habitude a, pour chacun, mis dans son corps entre les images des choses » (E2P18S) et c'est pourquoi « L'Esprit humain ne connaît le Corps humain lui-même, et ne sait qu'il existe, qu'à travers les idées des affections dont le Corps est affecté. » (E2P19). L'âme ne connaît le corps qu'indirectement par les événements qui lui arrivent. Par cette notion d'habitude, liée à l'empreinte des idées des affections que les corps extérieurs laissent sur nous, on peut comprendre le principe du conditionnement, lequel permet sans doute également d'expliquer le mécanisme de la soumission à la croyance qui nous est transmis par l'habitude de nos parents et de nos ancêtres.

On peut alors rapprocher cette explication du vivant que donne Spinoza de celle que fournit Henri Laborit[10]. En effet, ce dernier affirme tout d'abord que tout être vivant tend à préserver sa structure et c'est précisément ce que Spinoza affirme dans ses propres termes dans les axiomes et lemmes

[10] Henri Laborit, 1968, p.56.

consacrés à la définition des corps. Un individu, nous dit en somme Spinoza, se conserve quand les rapports entre les parties qui le constituent se conservent. Laborit affirme aussi qu'un être vivant, c'est une mémoire qui agit. Pour expliquer cela, il reprend à Paul D. Maclean (neurobiologiste américain, 1913-2007) sa théorie des trois cerveaux[11] que nous ne détaillerons pas ici. Ce que nous pouvons toutefois en retenir, c'est que notre cerveau limbique, commun à tous les mammifères, garderait en mémoire le souvenir de l'agréable et du désagréable et mettrait en œuvre le principe de la récompense. Celle-ci donne lieu à une attitude bien déterminée : pour obtenir la récompense, la gratification, la reconnaissance, nous faisons ce que l'on attend de nous. Les exemples sont nombreux et commencent dès notre plus jeune âge avec la mise en place de l'alternative récompense/punition : bons points, bonnes notes, « félicitations » d'un côté et punitions, « colles », « avertissement » de l'autre. Cela se poursuit à l'âge adulte : grades, titres, médailles et colifichets en tous genres sont des ingrédients nécessaires de la machinerie sociale. Et comme nous le montre Spinoza, les affects de joie augmentent notre puissance de penser et d'agir, alors que les affects de tristesse les diminuent. Donc, nous recherchons nécessairement davantage la récompense que la punition ! Et il n'est pas ici question de flatterie de l'ego, mais seulement d'une réaction inscrite dans notre nature. Le troisième cerveau évoqué par Maclean est le néocortex propre aux humains, lequel permet de donner des justifications aux comportements issus des deux autres : consommation et récompense. C'est ce que tendent à mettre en évidence un certain nombre de nos conduites comme la fuite, la soumission, l'abdication ou l'agressivité : face à ce qui nous fait peur, ce qui n'est pas attendu ou qui est douloureux, nous fuyons. Lorsque

[11] Henri Laborit, 1980

cette fuite est impossible, nous nous résolvons à lutter et quand la lutte n'est plus possible, nous renonçons, nous ne parvenons pas à dominer la situation et l'agressivité se retourne contre soi. Si nous revenons à Laborit, nous pouvons constater de plus que ce troisième cerveau associe les traces des expériences passées et, par un processus imaginaire, donne lieu à des représentations de ces traces mnésiques. Spinoza l'avait déjà remarqué (E2P17) : notre corps garde les traces des modifications subies de l'extérieur aussi longtemps que rien ne vient les effacer. L'Esprit forme des images qui sont des idées des affections du corps. Laborit ne dit pas réellement autre chose : « Nous croyons à la « réalité » non seulement des choses que nous percevons, mais ce qui est beaucoup plus grave encore, à la réalité des mots que nous choisissons pour les décrire »[12]. Effectivement, nous ne méconnaissons pas l'importance du symbolique qu'est le langage et que la psychanalyse a nettement mis en évidence.

Échapper au préjugé finaliste

Ainsi, pour être reconnus (ce qui mobilise les circuits de la récompense), pour ne pas être rejetés, donc pour préserver notre être, pour le maintenir, il semblerait que nous soyons prêts à nous battre pour notre servitude. Le conatus, cet effort « pour persévérer dans son être » (E3P6) pourrait donc s'exprimer aussi dans la soumission à des croyances qui ne sont que des superstitions, puisqu'il s'agit de préserver son existence. Seulement, dans ce cas-là, les hommes se trompent de moyen, puisque ce qu'ils conservent ainsi c'est un « soi » affaibli, et dont les réactions sont finalement dirigées contre lui-même.

[12] Henri Laborit, 1968, p.33.

Pour expliquer cette erreur de moyen, Spinoza nous indique que dans la nature il n'y a rien de contingent (E1P29), toutes les choses, et y compris les hommes, obéissent à des mécanismes de causalité déterminés, c'est-à-dire qu'elles obéissent aux lois de la nature. Ainsi, une chose qui existe, existe en raison de causes déterminées. Elle existe exactement comme elle « devait » exister, puisque « les choses n'ont pu être produites par Dieu d'aucune autre manière, ni dans aucun autre ordre, qu'elles ont été produites » (E1P33). Elle « est », c'est de l'ordre du fait, du constat, sans aucune espèce d'intention ou de volonté. Cela signifie qu'il n'y a aucune finalité dans la nature, il n'y a pas de « volonté de Dieu » arbitraire et l'existence humaine n'est pas orientée a priori vers un but, vers une réalisation particulière hormis celle que dicte la nature selon ses lois. On pourrait oser que Dieu lui-même obéit aux lois de la nature, si tant est que Dieu « fasse » quelque chose. Disons plutôt que la « puissance infinie de Dieu » correspond aux lois de la nature, ou aux lois de la nature divine. Or, et c'est ce que développe Spinoza dans l'Appendice de la partie I, les hommes sont généralement soumis au préjugé finaliste. En effet, comme ce sont des êtres de désir et qu'ils ont conscience de leurs désirs, ils cherchent leur utile propre pour persévérer dans leur être en rationalisant leurs actes pour réaliser ces désirs et ils inventent alors les valeurs du bien et du mal, du juste et de l'injuste, etc., valeurs auxquelles ils vont se référer dans leurs actions. Mais dans la nature, il n'y a pas de valeurs morales, la nature est amorale. Cependant, comme le conatus consiste en une impulsion irrésistible, puisque c'est ce qui nous meut, mais avec une visée consciente chez l'homme, celui-ci ne peut donc échapper au désir, même accompagné de raison. Il a un appétit pour ce qu'il juge lui être utile, appétit accompagné de conscience certes, mais qu'il ne peut ignorer. Ce désir en lui-même ne peut donc, selon Spinoza, exprimer de mauvaises tendances, puisqu'il est constitutif de l'homme, puisqu'il est inhérent à sa nature. Cependant, en croyant réaliser son utile propre, il peut se tromper et faire en réalité exactement l'inverse en inventant des valeurs qui s'opposent à la nature et à la vie.

Nous gagnons donc ici un premier point : avec Spinoza, on se dégage du jugement moral et des « vices » que condamnent les moralistes. L'homme n'agit pas par faiblesse ou lâcheté lorsqu'il se soumet, mais il suit sa nature. Les hommes sont mus par l'appétit, mais ils se trompent parfois (et même souvent) sur les moyens de le réaliser. En effet, cet appétit est conscient, mais l'homme peut ignorer les causes réelles des choses et plus précisément les causes qui font que lui-même existe, ressent tel ou tel désir, tel ou tel appétit, car le désir se fixe accidentellement sur tel ou tel objet, en fonction des mécanismes imaginatifs exposés dans les propositions E2P14 à 19, que nous laissons au lecteur le soin d'aller lire. Ainsi, la combinaison de la méconnaissance des causes réelles et de la conscience des fins qui meut l'homme produit les préjugés, dont le préjugé finaliste, lequel affirme que toute chose a un but, et, corrélativement celui de notre propre liberté, entendue comme libre arbitre. Or, le conatus représente une manifestation, une expression de la nature et ce sentiment qu'est le désir n'exprime rien d'autre. Aussi, l'homme n'est pas libre de désirer ou de ne pas désirer. De plus, il peut se tromper en croyant réaliser, satisfaire son désir de persévérer dans son être. Ainsi, les valeurs comme le bien, le mal, le beau etc., n'ont aucun caractère objectif, aucune valeur justement hors de nous, mais elles dépendent entièrement de notre imagination. C'est pour cela que l'erreur est possible. Les hommes appellent « bien » ce qu'ils jugent leur être favorable, ou ce qu'ils imaginent l'être.

Imagination et superstition

On peut en déduire que l'homme ignore les véritables causes qui l'animent. Consciemment, il agit en fonction d'un but qui lui semble utile. Donc, la seule causalité à laquelle il est amené spontanément à croire, c'est celle de la cause finale : les choses n'existent que parce qu'elles ont une fin, parce qu'elles réalisent un but. Cela peut expliquer toutes les illusions que l'homme nourrit, illusions à l'origine notamment des superstitions et des croyances diverses comme par exemple le fait de croire que si je me conduis bien sur terre, je gagnerai le paradis au ciel. Cependant, on ne peut parler d'imperfection, car l'homme est soumis à des lois nécessaires, comme toutes les choses, qui le déterminent à faire ceci ou cela en conséquence de ce qu'il est par nature. Toutefois tant que les hommes sont soumis à leurs affects, ils sont hostiles les uns aux autres, ils sont en compétition pour des buts imaginaires, alors qu'ils « conviennent » entre eux, c'est-à-dire sont utiles les uns aux autres, lorsqu'ils sont guidés par la droite raison (E4P32 à 35). On voit donc ici une esquisse de solution : pour combattre la soumission aux objets imaginaires du désir, il ne suffit pas de la condamner. Il faut la comprendre et pour la comprendre, il faut faire usage de la raison, passer de la connaissance inadéquate par l'imagination à la connaissance adéquate par la raison, ou comme dirait Freud intégrer l'inconscient dans le conscient.

Le problème est que naturellement, si l'on ose dire, la nature de l'homme, ce qui le constitue, fait qu'il est enclin à vouloir satisfaire ses désirs pour persévérer dans son être, et il adhère pour cela d'autant plus facilement aux illusions issues de son imagination, qu'il n'a pas fait l'effort de connaître et de comprendre ce que sont ces désirs. Ainsi, désirant persévérer dans leur être, les hommes peuvent se tromper et, au lieu de se donner plus d'être, de se libérer, ils peuvent tomber dans la soumission, pourtant croyant ainsi préserver leur être et donc réaliser leur conatus. On pourrait presque associer cela à l'inconscient biologique proposé par Laborit[13] : cet inconscient correspondrait aux comportements qui s'imposent aux individus presque à leur insu, qui relèvent de pulsions d'automatismes culturels qui nous façonnent. Pour lui, l'inconscient correspondrait au système nerveux qui se constitue à partir de molécules imprégnées par l'apprentissage culturel et qui seraient masquées par un langage, un discours logique visant à les justifier sans réellement les comprendre. Le langage cacherait ainsi les causes et les mécanismes de dominance, comme l'imagination chez Spinoza nous masque la réelle compréhension des causes naturelles.

Ainsi, lorsque les hommes se battent pour leur servitude, ils expriment leur conatus, même s'ils se trompent – exactement comme l'ivrogne se suicide lentement en absorbant l'alcool qui lui paraît si bon, ou encore comme le fanatique qui suit son grand prêtre, son « *duce* », son « *Führer* » ou son « petit père des peuples », c'est-à-dire toutes ces formations psychologiques que Wilhelm Reich nomme des « pestes émotionnelles »[14].

Cependant, comme nous le dit Spinoza dans l'*Appendice* de la première partie de l'*Éthique*, il n'y a pas d'imperfection dans la nature, mais seulement des degrés de puissance qui découlent de la mise en œuvre des lois naturelles. Les animaux, qui ne suivent que leurs instincts, possèdent un degré de puissance inférieur à celui de l'homme, lequel peut aussi suivre sa raison. Mais pour suivre sa raison, il doit se défaire des superstitions, en comprenant d'abord leur nécessité. En effet, pour Spinoza, les superstitions sont inévitables, elles

[13] Henri Laborit, 1980.

[14] W. Reich, 1992.

découlent du mécanisme de notre imagination, laquelle néanmoins est une puissance de l'homme et ainsi peut concourir à notre conatus. Il ne s'agit donc pas de s'efforcer de fuir cette « folle du logis » mais d'en user à notre profit, c'est-à-dire pour notre utile propre. Toutefois dans la formation des superstitions, c'est finalement contre nous que fonctionne notre imagination et c'est comme cela que se produit l'aliénation. Comme nous recherchons ce qui nous est utile, nous extrapolons facilement à l'ensemble de la nature ce principe d'utilité et de finalité et nous croyons et imaginons que la nature a été faite pour nous. Cependant, le préjugé par lequel nous imaginons que tout semble avoir été organisé pour nous, que la création est destinée aux usages des hommes et qu'elle suppose un créateur pour expliquer tous ces « miracles » n'est que le reflet de notre ignorance des causes réelles de l'enchaînement des choses. Mais il n'empêche que cette ignorance nous entraîne à organiser des cultes afin d'être aimés de ce créateur et pour que la nature soit au service aveugle de notre désir de persévérer dans notre être. Selon Spinoza, la religion serait donc issue du désir et de l'imagination et serait donc un déni du réel. En cela, elle ne serait que superstition, comme il nous le dit, la nature n'a pas de fin et parler de « la volonté de Dieu » c'est se réfugier dans un « asile de l'ignorance ». Nous verrons que Freud ne dit pas autre chose dans *L'avenir d'une illusion.*

Illustration par le *Traité théologico-politique*

Nous insistons ainsi sur le fait que Spinoza aborde, de la même façon que Freud, l'explication de ce que nous sommes et de ce que nous faisons, c'est-à-dire que l'origine de nos actes et de nos pensées s'enracine dans les affects.

Il faut savoir que Spinoza s'est toujours caractérisé par sa liberté de penser et son refus de l'intolérance, ce qui est l'objet d'ailleurs du *Traité théologico-politique*[15]. Dans ce dernier, Spinoza explique également l'émergence des superstitions, causes de notre soumission à des dogmes, et les dénonce. Comme les hommes ne sont pas omniscients, ils ne sont pas capables de prévoir l'avenir, ce qui les angoisse, puisque du fait de leur conscience, ils sont capables de l'anticiper. De même, ils sont animés de désirs puissants, difficiles à satisfaire. Spinoza le redira : l'homme est un être de désir, c'est ce qui le caractérise, c'est son essence. Aussi, pour échapper à l'incertitude, à l'insatisfaction et à l'angoisse, ils ont tendance à adhérer à ce qu'ils ont envie de croire. Ainsi, la superstition, loin d'être ridicule, est une conséquence des lois de notre psychologie. En effet, il rappelle que tant que tout va bien pour nous, nous pensons être responsables de cette félicité et nous ne souffrons aucun conseil, tellement certains de notre bon sens. En revanche, lorsque les choses vont mal, nous sommes prêts à croire tout ce que l'on nous dit et à voir des signes partout. Or, ces « signes » relèvent absolument du hasard (des rencontres contingentes des corps), ils ne signifient proprement rien et n'ont absolument rien à voir avec notre existence. Il s'agit ici d'une conception complètement anthropomorphique de la Nature ou des Dieux. Celle-ci aurait les mêmes désirs et les mêmes volontés que les hommes. Et si la nature ne les satisfait pas, c'est parce qu'il existe des forces mauvaises, d'où le remords, le sentiment de culpabilité, la crainte, mais aussi les offrandes comme si elles pouvaient calmer les Dieux. On est ici comme en plein délire : croire que des puissances transcendantes nous en veulent et croire que par des offrandes on les mettra de son côté. Cet anthropomorphisme est une idée totalement absurde pour Spinoza pour qui n'existe que la nature, qui n'a pas d'autre cause qu'elle-même, qui n'est déterminée par aucune volonté, qui obéit

[15] Spinoza, 1999, Préface, désigné par TTP dans la suite.

aux lois de la nature et qui ne vise aucun but, et certainement pas celui d'être au service de l'homme. Ce passage de l'*Appendice* de la partie I de l'*Éthique*, résume bien cette position : « D'où vint que (les hommes) inventèrent, chacun à partir de son propre tempérament, différentes manières d'honorer Dieu, pour que Dieu les chérit plus que tous les autres et destinât la nature entière à l'usage de leur aveugle cupidité et de leur insatiable avarice. Et c'est ainsi que ce préjugé tourna à la superstition, et fit dans les esprits de profondes racines. ». Avec cette idée d'Aristote que « la nature ne fait rien en vain », reprise par la scolastique, les croyants « ne montrèrent rien d'autre, semble-t-il sinon que la nature et les Dieux délirent tout autant que les hommes. ». L'origine et la perpétuation de la superstition se trouvent donc dans la peur, dans l'angoisse, mais elle n'est qu'ignorance et en tant que telle, elle nous emprisonne dans l'illusion et peut nous soumettre à des pouvoirs tyranniques, qui se jouent de nos craintes et en profitent pour nous dominer. De ce constat, Spinoza tire une généralité : la superstition est issue de la peur, or tous les hommes par leur nature peuvent être soumis à la peur, donc tous les hommes peuvent faire preuve de superstition. Ce que veut montrer ici Spinoza, c'est que le mouvement premier, naturel, que nous avons pour nous protéger, est de nous illusionner, et donc aussi de nous soumettre à tout ce qui nous apparaît comme des puissances. Cette réponse à la peur est la plus rapide et celle qui demande le moins de réflexion et de connaissance, elle ne nécessite que l'imagination. Spinoza récuse l'idée que la superstition serait le fruit d'une religion mal comprise, car, au contraire, elle est inhérente à l'être humain. Spinoza en tire une conséquence importante : comme les hommes sont malléables, influençables, et d'autant plus qu'ils vivent dans la crainte et l'incertitude, la superstition va permettre de les manipuler. Ceux qui font profession de religion entretiennent volontairement l'ignorance et refusent aux hommes leur humanité, définie par la raison et la liberté. Ils dénoncent au contraire l'intelligence et la réflexion, sous couvert de parole divine, qui ne supporterait pas la contradiction, ni le questionnement. Or la véritable foi n'enseigne pas la haine, car celle-ci est toujours mauvaise en soi. Elle s'oppose à notre conatus, car elle est une passion triste diminuant notre puissance d'agir. Spinoza s'appuie sur le droit naturel, défini comme le pouvoir de chaque personne de décider d'elle-même et de se réaliser au sein de la société (E4P37S2). En effet, tout ce qui élève les hommes, tout ce qui renforce les liens d'amitié, est bon. Au nom de ce principe, rien ne peut justifier la dépendance d'un homme vis-à-vis d'un autre homme.

Cette question des superstitions, qui procèdent des mécanismes par lesquels se forment les illusions, a un enjeu politique fondamental : c'est par ignorance des causes qui nous animent et animent la nature que nous nous soumettons à de fausses autorités. A l'inverse, c'est la connaissance rationnelle de la nature et la destruction de ces préjugés qui peuvent éradiquer les phénomènes de soumission. Les superstitions ne concernent pas que la religion, mais de manière générale toutes les attitudes fétichistes qui nous font confondre connaissance objective de la nature et façons de l'imaginer. Pour sortir de la superstition, il n'y a que la réflexion et la connaissance, qui ne peuvent exister qu'au moyen de la liberté de penser.

Les superstitions peuvent donc s'expliquer par le fait que le corps et l'esprit sont la même chose sous deux attributs différents, dans la mesure où les idées que nous nous faisons des choses dépendent de la manière aléatoire dont elles sont imaginées lorsqu'elles affectent le corps, car ce que l'esprit perçoit ce sont les idées des affects du corps. Ainsi, l'objet de l'esprit humain est le corps et l'esprit est l'idée du corps. Ils ne sont pas dissociables.

« Le Corps humain existe tel que nous le sentons »

Dieu, ou la Nature, étant l'Être éternel et infini, tous les modes s'expriment en lui. Ce qui permet à Spinoza d'affirmer cela, c'est que Tout ce qui est, est en Dieu, donc tous les corps et toutes les idées sont en Dieu (E1P15 et S). Rappelons que ce que Spinoza appelle Dieu n'a rien à voir avec une entité transcendante, mais représente tout ce qui est, qu'on peut encore appeler la nature. Or, l'étendue et la pensée sont des attributs de Dieu (E2P1 et 2), ou de la nature, que nous, en tant que modes finis, sommes capables de percevoir et de comprendre. C'est pourquoi à chacun des modes finis perçus sous l'attribut de l'étendue correspond une idée, corps et idée étant des expressions, c'est-à-dire des attributs différents d'une seule et même chose : la nature. Aussi, percevoir une chose c'est avoir une idée de cette chose. Ainsi, une idée est une réalité. Cela signifie que la pensée représente un ordre de réalité. Cela autorise Spinoza à affirmer que « l'ordre et l'enchaînement des idées est le même que l'ordre et l'enchaînement des choses » (E2P7). L'idée est donc une réalité, mais d'un autre ordre que celui des choses, ce n'est pas une copie de la réalité, cela en est une perception. Dans les deux cas, nous avons affaire à la réalité, à la même réalité, mais sous deux manières de l'exprimer.

On peut alors en déduire avec Spinoza que l'esprit est l'idée du corps, c'est-à-dire ce que je perçois de mon corps, l'idée que je m'en fais, donc que l'objet de l'idée constituant l'esprit est le corps et que l'idée de l'esprit est l'idée d'une chose existant en acte : mon corps (E2P13). Ce corps existant en acte, c'est un corps individué, qui a une existence effective, une existence singulière. Et ce qui vaut pour une existence singulière, dotée d'un esprit et d'un corps, vaut pour toutes les existences singulières dotées d'un esprit et d'un corps. Ainsi, l'idée constituant l'esprit humain est formée par l'esprit en tant que pensée auquel chaque esprit participe ou duquel chaque esprit est une expression, mais l'objet de l'idée n'est pas l'idée elle-même, mais correspond à la chose perçue par l'idée et ce que perçoit l'esprit, ce sont les affects du corps : « De là suit que l'homme est constitué d'un Esprit et d'un Corps, et que le Corps humain existe tel que nous le sentons » (E2P13C). En quelque sorte Spinoza invente la compréhension du psychosomatique. De fait, le corps est un mode qui manifeste l'essence de Dieu (ou de la nature) sous l'attribut de l'étendue et l'esprit, et comme idée du corps, est un mode qui exprime l'essence de Dieu sous la forme de la pensée. Alors si l'objet de l'idée de l'esprit humain est le corps, ce qui arrive dans le corps est perçu dans l'esprit. De plus, si je ressens, si j'ai l'idée de mes affects, c'est bien parce que j'ai un corps, ou même parce que je suis corps, mais un corps associé à un autre attribut qui est l'esprit. Esprit et corps sont contemporains l'un de l'autre, ils sont constitués simultanément, l'un ne précède pas l'autre et inversement, surtout ils ne sont pas indépendants. L'union de l'âme et du corps est donc indissoluble. L'esprit et le corps s'expriment mutuellement. L'esprit ne s'explique que par le corps et inversement le corps ne s'explique que par l'esprit. Ainsi, tout ce qui arrive au corps est perçu par l'esprit. Celui-ci n'existe que pour autant qu'il perçoit son corps, cela signifie que l'homme singulier a conscience de lui-même du fait des affections présentes que subit son corps. C'est pourquoi l'individu représente ou présente une unité corps-esprit, donnée dans la conscience, dans la mesure où la conscience de soi, c'est d'abord la conscience des modifications du corps (E2P22 et 23).

La réalité : un effet de nos affects ?

Certes, l'esprit perçoit la nature de son corps, mais aussi celle des corps extérieurs qui l'affectent. Toutefois, la réalité de ce que perçoit l'esprit est plus forte quant à son corps, car les idées des corps extérieurs expriment plutôt la constitution de notre propre corps en tant qu'il est affecté. Ce « mode de fonctionnement » permet d'expliquer la difficulté de prendre de la distance vis-à-vis de ce que nous percevons et de déjouer les images que nous nous en faisons. Cependant, « plus un corps est apte à percevoir et plus ses actions sont indépendantes des autres corps, c'est-à-dire moins il se laisse affecter par des corps extérieurs, plus son esprit est apte à comprendre et à connaître clairement. » (E2P13S) On le sait bien par expérience, plus on est détaché affectivement d'une chose ou d'une action, plus on est en mesure de l'analyser et de la comprendre, indépendamment de nos affects. Enfin, si l'esprit et le corps étaient séparés, c'est-à-dire si le corps n'était pas l'expression d'une même substance, sous un attribut différent, nous ne pourrions pas connaître que les affections qui touchent notre corps sont nôtres et nous n'aurions tout simplement pas conscience de nous-mêmes. En ce sens, l'esprit contient les idées des affects du corps. Les idées que nous avons sont donc bien celles des modifications de notre corps. Quand nous percevons une certaine chose, l'idée que nous en avons n'est pas l'idée de la chose elle-même, mais seulement l'idée de l'effet de la chose sur nous et nous prenons cet effet de la chose sur nous pour la chose elle-même. Cela ne signifie en aucun cas que nous nous trompons lorsque nous croyons percevoir. Lorsque l'esprit perçoit un affect, il le perçoit réellement. S'il ne le percevait pas, cela signifierait ou que ce n'est pas un affect qui le concerne, ou que notre corps n'est pas affecté (E2P26 et 26D). Seulement, nous confondons la chose et l'effet qu'elle a sur nous.

Aussi, il faut discipliner les aptitudes du corps pour que l'esprit puisse progresser dans la connaissance. Une connaissance adéquate du corps et de ses affections est d'ailleurs possible. En effet, l'esprit humain, en tant qu'idée, peut se réfléchir et comme il est l'idée des affections de son corps, et que le corps et l'esprit sont indissociablement liés, il peut transformer la perception immédiate et confuse des affections du corps en une connaissance adéquate en faisant la part des choses, en comprenant l'effet de la réalité sur lui et en distinguant cet effet de la réalité elle-même. Sous le coup d'une émotion, nous restons comme « attachés » à l'affect, mais nous savons qu'avec un peu de temps, nous pouvons prendre du recul vis-à-vis de cette émotion et la comprendre comme une émotion. L'esprit peut donc dépasser la confusion et la passivité des affections du corps, pour comprendre distinctement et adéquatement à la fois ce qui se produit dans le corps et la représentation qui s'en opère dans l'esprit.

Aussi, comprendre ce mécanisme, cet effet de la réalité sur nous comme étant l'idée de l'affect, ou des affects, du corps, peut permettre de s'en libérer.

Spinoza distingue bien la chose et l'effet de la chose sur nous. Ce qui est premier, c'est bien l'individu affecté, car ce que nous percevons de la chose, ce n'est pas ce qu'elle est, mais l'effet qu'elle a sur nous. Ce que l'esprit perçoit, ce n'est pas l'idée de la chose elle-même, mais seulement l'idée de l'effet de la chose sur nous. En prenant l'effet de la chose sur nous pour la chose même, nous tombons dans une forme d'aliénation : au lieu de partir du sujet, nous partons de la chose, nous nous attachons à ses effets comme s'ils exprimaient le réel et nous contemplons « dans les choses le reflet objectivé de nos sentiments »[16]. Nous nous

[16] Matheron, 1988, p.112.

dépossédons alors de notre propre essence, car le réel ce n'est pas la chose, mais bien ce que nous ressentons. La connaissance par l'imagination me fait prendre la réalité pour ce qu'elle n'est pas. Je confonds l'effet qu'elle a sur moi et ce qu'elle est en elle-même. Mais je m'y soumets, car je ne comprends pas ce qui s'y passe. Pour Spinoza, la source de la confusion serait donc la connaissance par les sens et l'imagination, qui mêle toujours l'idée de la chose et l'affection que la chose produit sur notre corps. Cette connaissance est confuse pour nous, non du fait de la faiblesse des sens, mais parce que nous confondons la réalité et l'effet de la réalité sur nous. N'est-ce pas là aussi une explication de la névrose ou en tout cas une explication des symptômes névrotiques ?

Le rôle de l'imagination

Ainsi, concernant l'existence des choses, c'est-à-dire la réalité, nous émettons un jugement du fait de l'affection de notre esprit. Mais ce jugement d'existence relève de l'ordre de l'imaginaire. En effet, l'imagination correspond à l'action de l'esprit se formant des images des corps qu'elle pose comme présents. Or, ces images sont des idées d'affections du corps. L'imagination relève de la perception et « le Corps humain existe comme nous le sentons » (E2P13C). C'est pourquoi nous devons partir de l'expérience, c'est-à-dire du corps. Selon l'exemple pris par Spinoza (E2P17S) : l'idée de Pierre, c'est-à-dire l'essence de l'esprit de Pierre, a pour objet l'essence du corps de Pierre (puisque l'objet de l'idée de l'esprit est le corps, l'idée de l'esprit est une chose existant en acte, est donc un corps), et l'exprime aussi longtemps que le corps de Pierre existe. De même, l'idée que Paul a de Pierre exprime l'état du corps de Paul et dure aussi longtemps que dure l'état du corps de Paul. Les images sont donc des affections du corps humain dont les idées nous représentent les choses extérieures comme étant présentes. Il y a bien, comme le dit Pierre Macherey un véritable caractère hallucinatoire de la perception[17]. On peut noter ici le rapprochement avec l'idée de fantasme qui sera développée par Freud.

Cependant, l'imagination n'est pas l'erreur. Elle devient erreur si on croit que les images des choses sont les choses elles-mêmes et non le fait de l'affection des choses extérieures sur nous. Ainsi, la perception consiste en un mécanisme psycho-physiologique et qui exprime l'affection de mon corps par un autre corps. Le jugement n'intervient pas dans la perception, celle-ci est passive, mais l'imagination exprime la persistance dans le corps d'une perception. Donc, chez Spinoza, il n'y a aucun recours à une puissance spéciale de l'esprit concernant l'imagination, celle-ci trouve son origine dans la perception, c'est-à-dire dans l'expérience immédiate. Ce point sera important dans l'explication du mécanisme des passions. En effet, l'esprit ne connaît le corps que par les idées des affections dont il est affecté : une fois encore l'esprit **est** l'idée du corps. La conscience ne constitue pas une réalité distincte, mais je suis une réalité perçue comme étendue ou comme idée. Pour Spinoza, il n'y a pas de « Je » qui posséderait un corps et des idées ou qui serait une réalité dans laquelle il y a de la pensée. En affirmant que la réalité correspond aux idées en acte, c'est-à-dire à l'idée du corps et à l'idée de l'idée (soit de l'esprit), Spinoza refuse cette séparation, il n'en fait d'ailleurs même pas un « parallélisme », comme on a pu parfois le lire. Pour lui, l'idée de l'esprit et

[17] Macherey, 1997, p.176. Macherey écrit que la proposition 17 expose la genèse du jugement d'existence. Ce jugement ne s'ajoute pas à la perception comme une idée nouvelle, mais se situe complètement dans son prolongement. C'est pourquoi « la perception la plus élémentaire [...] a les caractères d'un acte mental complet, se présente d'emblée sous la forme d'un complexe d'idées associées sans avoir été préalablement distinguées. » (op. cit. p. 178).

l'esprit sont une seule et même chose, sous un seul et même attribut. L'idée de l'esprit dit que l'esprit **est**. L'esprit connaît donc les affections du corps et les idées des affections du corps. En même temps, l'esprit ne se connaît donc lui-même qu'en tant qu'il perçoit des idées des affections du corps.

Avec la connaissance par « images », nous obtenons donc une connaissance partielle de la réalité : les corps extérieurs affectent notre corps et cette affection donne lieu à une image dont nous avons l'idée. Cependant, grâce à cette connaissance partielle, nous pouvons avoir des idées des choses communes à tous les corps, comme l'étendue et le mouvement. Nous avons alors une idée des relations entre les choses, nous pouvons former des idées abstraites qui décrivent les relations les plus générales entre corps, comme le fait la physique qui ne décrit pas la nature des choses, mais seulement les relations régulières entre les phénomènes. Ces idées abstraites sont des « notions communes » (E2P37-39) et elles sont vraies, ce sont des « idées adéquates » (E2D4). La connaissance adéquate porte sur les relations entre les choses, non sur l'image des choses. Une idée est adéquate quand je perçois l'enchaînement logique des causes, quand je pense les choses par leur cause, non seulement par leur effet sur moi. L'esprit pense alors par lui-même, et non par l'imagination à partir des effets des choses extérieures sur son corps propre. Il faudra ainsi, et ce sera toute la démarche de Spinoza, élaborer une connaissance adéquate des relations entre les hommes pour construire une Éthique, un fondement à la vie commune, lequel peut peut-être permettre d'échapper au processus de soumission en général dans la mesure où celui-ci correspond à la confusion entre la réalité et les effets de la réalité sur nous. Ainsi, par l'imagination, nous avons une connaissance partielle de la réalité (connaissance du 1er genre) : les corps extérieurs affectent notre corps et cette affection produit une image dont nous avons l'idée ((E2P19). Cependant, cette connaissance partielle n'est pas méprisée par Spinoza, puisque grâce à elle nous pouvons avoir des idées des choses communes à tous les corps, c'est-à-dire des connaissances générales et abstraites (connaissance du deuxième genre), qui sont des connaissances adéquates puisqu'elles concernant la connaissance des lois générales de la nature qui sont les lois productrices de la réalité, ce que nous pourrions appeler aujourd'hui les lois scientifiques. Il faudra enfin faire usage de la raison et revenir à la connaissance des choses singulières à partir de leurs lois de production. Ce que va faire Spinoza dans la troisième partie de l'*Éthique* : expliquer le phénomène des passions d'un point de vue des lois de la nature, c'est-à-dire des relations entre les corps. Mais, c'est parce que nous confondons facilement les généralités issues des connaissances par images avec les choses singulières, que nous nous trompons et qu'au lieu d'augmenter notre puissance d'agir et de penser, nous nous soumettons à un ordre extérieur, sans nécessairement d'ailleurs avoir conscience de cette soumission, car nous prenons cet ordre extérieur pour la réalité elle-même et nous croyons que nous ne pouvons pas y échapper. Toutefois, si la distinction entre la connaissance par imagination et la connaissance qui suit la raison peut expliquer notre méprise, elle peut aussi nous donner le moyen d'en sortir.

Notre nature suit la nature

Tout d'abord, Spinoza nous rappelle que l'homme suit la nature, qu'il est déterminé par elle et non par soi. Il ne peut donc avoir un pouvoir absolu sur ses actions et sur ses affects. La cause de l'impuissance et de l'inconstance de l'homme n'est pas due à un quelconque « vice » de la nature humaine, il ne peut y avoir de vice dans la nature. Comme l'homme est soumis aux lois de la nature, on ne peut donc lui reprocher aucun vice, comme il est tout aussi inutile et impropre de voir un vice dans la nature. L'homme est soumis à la puissance de la nature, puisqu'il est lui-même une expression de cette puissance, et cette puissance obéit à des règles et des lois constantes. Donc pour avoir une connaissance adéquate, il n'existe qu'une seule et même façon de comprendre les choses, c'est-à-dire par les lois et règles universelles de la nature. Voilà comment nous devons comprendre les hommes, leurs actions et leurs passions.

Ainsi, si nous suivons les définitions données par Spinoza, lorsque nous sommes la cause adéquate de nos actes, c'est-à-dire lorsque nous agissons conformément à notre utile propre, à partir de la connaissance rationnelle de ce qui est bon pour nous, l'affect que nous ressentons est une action. A l'inverse, quand nous ne connaissons que partiellement la cause de nos actes, l'affect que nous ressentons est une passion, car nous pâtissons, nous subissons sans réellement comprendre et maîtriser ce qui nous arrive. Les affects se partagent donc en « bons » et « moins bons » affects selon qu'ils impliquent pour nous action ou passion, activité ou servitude. Les affects produisent des affections du corps qui peuvent donc augmenter ou diminuer notre puissance d'agir et diminuer ou augmenter les idées de ces affections, c'est-à-dire notre puissance de penser. On peut remarquer ici la ressemblance entre les affects tristes et les névroses telles que conceptualisées par Freud comme par exemple la focalisation sur certains objets ou les actes compulsifs qui diminuent très sérieusement notre puissance d'exister, puisqu'ils limitent notre champ d'action et donc notre champ de pensée. Enfin, selon le premier postulat de la troisième partie, « le Corps humain peut être affecté de bien des manières qui augmentent ou diminuent sa puissance d'agir, ainsi que d'autres qui ne rendent sa puissance d'agir ni plus grande, ni plus petite. » et les corps agissent les uns sur les autres et obéissent aux lois physiques. Ce postulat est essentiel, car il permet d'expliquer que le désir et les affects sont complètement naturels et se comprennent selon les lois de la nature, qu'ils ne sont pas l'œuvre d'une mauvaise volonté ou d'un vice quelconque. De même, « le Corps ne peut déterminer l'Esprit à penser, ni l'Esprit déterminer le corps au mouvement, ni au repos, ni à quelque chose d'autre (si ça existe). » (E3P2). Cette proposition a une importance primordiale pour notre réflexion. En effet, elle implique que le corps ne peut rien sur l'esprit, mais surtout que l'esprit ne peut rien sur le corps, car « ce que peut le corps, personne jusqu'à présent ne l'a déterminé » (E3P2S), d'où ce fameux passage du scolie qui suit cette deuxième proposition : « les hommes se croient libres pour la seule raison qu'ils sont conscients de leurs actions, et ignorants des causes par quoi elles sont déterminées. ». Le corps n'a pas plus de pouvoir sur l'esprit que celui-ci n'en a sur le corps et pour cause, ils vont de pair car « sont une seule et même chose ». Spinoza n'utilise pas le terme d'inconscient, mais ce qu'il dit ici y ressemble très fort.

Ainsi, nous ne décidons pas des idées qui sont dans notre esprit, nous nous souvenons de certaines, en oublions d'autres. Il n'y a pas de volonté, car le « vouloir humain » n'est que le résultat des combinaisons contradictoires des pulsions entre elles pour la prépondérance : « les décrets de l'esprit ne sont rien d'autre que les appétits eux-mêmes » et « ces décrets de l'esprit naissent dans l'esprit avec la même nécessité que les idées des choses existant en acte. », en bref il n'y a pas de « libre décret de l'esprit » (E3P2S) ou comme le dira Freud : « le Moi n'est pas le maître dans sa propre maison. »[18].

[18] Freud, 1933, p.12.

Le désir est l'essence de l'homme

Dans E3P3S, Spinoza précise une chose importante. Après avoir affirmé dans E3P3 que ce qui constitue en premier lieu l'esprit, ce sont les affects qu'il perçoit, il nous dit qu'aucune intériorité ne peut donc exister indépendamment des choses extérieures, car la première a besoin des secondes pour pouvoir se percevoir : il n'y a donc pas de solution à chercher du côté de la pure intériorité, exister c'est exister avec d'autres modes, autrement dit avec d'autres hommes. Nous arrivons ainsi à la proposition 6, déjà citée, qui définit le *conatus* : « Chaque chose, autant qu'il est en elle, s'efforce de persévérer dans son être. », qui n'est autre que son essence, que sa puissance d'exister. Nous ne sommes ainsi jamais que ce que nous avons la puissance d'être. Celle-ci renvoie à la fois à la puissance d'agir de notre corps lorsqu'une chose l'augmente ou la diminue, et à l'idée de cette même chose qui renvoie à la puissance de penser de notre esprit lorsqu'elle l'augmente ou la diminue. Ainsi l'effort de l'esprit et du corps conjugué produit le désir, désir d'exister, désir de se réaliser, lequel représente l'appétit avec conscience de lui-même, qui définit proprement l'homme. Spinoza précise dans E3P6D qu'aucune chose ne possède en elle quelque chose qui puisse la détruire, mais qu'elle s'oppose au contraire à tout ce qui pourrait supprimer son existence. Ce conatus ressemble ainsi très fort à la pulsion de vie freudienne.

Si le désir est l'essence de l'homme, on peut comprendre alors que « quand nous voulons ou désirons une chose, ce n'est pas parce qu'elle est bonne, mais si nous trouvons qu'une chose est bonne, c'est parce que nous la désirons. » (E3P9S). Ainsi dans le désir ne se trouve aucune place pour la morale, et nous ne pouvons désirer des choses mauvaises, la nature ne peut « désirer » de choses mauvaises, puisqu'elle suit les lois de sa perfection. Selon Spinoza, la nature n'a pas de finalité, elle ne « veut » ni bien, ni mal d'ailleurs. De même, en affirmant que l'esprit est l'idée du corps, il refuse le dualisme qui sépare ces deux attributs. « Une idée qui exclut l'existence de notre Corps ne peut se trouver dans notre Esprit, mais lui est contraire. » (E3P10) Une nouvelle fois, il n'est pas ici question de volonté et de morale, l'esprit est l'idée du corps existant en acte et une idée qui nie le corps, nie l'esprit lui-même. Aussi, lorsque nous pâtissons, lorsque nous subissons, ce n'est pas par un manque de volonté, ni par une servitude volontaire, mais parce que nous souffrons d'un défaut de connaissance et confondons connaissance adéquate et connaissance inadéquate, ce qui découle de l'insertion de chaque individu dans le réseau complexe des causes et des effets qui lui apparaissent le plus souvent comme contingents. De fait, même quand l'esprit humain se trompe quant à la réalité de sa conduite, l'être humain cherche toujours à persévérer dans son être : seulement autant il peut former des idées adéquates qui augmentent sa puissance d'agir, autant il peut en former d'inadéquates qui sont alors source de passions qui diminuent sa puissance.

Comme nous l'avons noté, la puissance d'exister est constituée à la fois par la puissance d'agir et par la puissance de penser. Aussi : « L'Esprit, autant qu'il peut, s'efforce d'imaginer ce qui augmente ou aide la puissance d'agir du Corps. » (E3P12). Quand la puissance d'agir du corps augmente, la puissance de penser de l'esprit augmente également, ce qui corollairement fait augmenter la puissance d'exister. Inversement, ce qui fait diminuer la puissance d'agir, fait diminuer la puissance de penser, donc fait diminuer la puissance d'exister. Or, selon Spinoza, ce qui augmente notre puissance d'exister, c'est la joie et tous ses dérivés. Ce qui diminue la puissance d'exister, c'est la tristesse et ses déclinaisons. C'est pourquoi on peut comprendre que l'esprit puisse chercher à éviter d'imaginer des choses qui diminuent sa puissance de penser et la puissance d'agir du corps. La difficulté est que le désir se fixe de manière contingente, non voulue et que l'imagination enveloppe les idées inadéquates provoquées par les affections de l'esprit, elles-mêmes liées à la perception des effets des choses extérieures sur le corps. Mais en même temps, l'imagination fait partie intégrante de l'esprit et se trouve au service du conatus. En ce sens, l'imagination intervient nécessairement dans la vie affective. Ainsi à partir de ces deux passions primaires que sont la joie et la ristesse, Spinoza va procéder à une classification de toutes les autres passions qui peuvent se comprendre comme engendrées par un mécanisme combinatoire.

Combinatoire des passions

Ainsi, si chaque passion correspond à un affect de joie ou de tristesse, lié à l'idée d'un objet, selon l'idée qu'on se fait des affects de cet objet se produisent de nouveaux affects qui se combinent aux affects primaires, et ainsi de suite. Ce qui fait l'objet d'une passion peut alors provoquer des intrications affectives extrêmement complexes. À partir de E3P13, Spinoza va donc passer en revue toutes les passions et mettre en évidence les liens qu'elles peuvent avoir entre elles. L'amour correspond à la joie qu'accompagne l'idée d'une cause extérieure. Inversement, la haine provient de la tristesse qu'accompagne l'idée d'une cause extérieure. C'est pourquoi lorsqu'on aime une personne, on aspire à sa présence, lorsqu'on la hait on s'efforce de l'éloigner, voire de la détruire.

Avant d'aller plus loin dans la description des autres passions, Spinoza met en place un certain nombre de principes. Par conséquent, si nous le suivons, quand deux choses ont affecté l'esprit en même temps, lorsque, plus tard, l'une des deux l'affectera, il sera aussi affecté par l'autre. Nous retrouvons ici le principe de la mémoire associative. C'est sans doute aussi pourquoi, puisque c'est le corps qui garde la mémoire des affects, que lorsqu'une chose provoque en nous de la joie ou de la tristesse, même de manière accidentelle, on ne sait pas toujours pourquoi on l'aime ou on la hait. Enfin, lorsque nous imaginons qu'une chose ressemble à une autre qui a provoqué en nous joie ou tristesse, même si en elle-même elle ne provoque rien, nous ressentirons, du fait de sa ressemblance avec une autre qui a provoqué en nous un de ces affects, le même sentiment.

Par ailleurs, un seul objet peut provoquer des affects nombreux et opposés, car comme le souligne Spinoza le corps est composé de multiples parties qui sont affectées différemment par une même chose. Ainsi, nous sommes en permanence soumis à des sentiments contradictoires, fluctuants. Par exemple, on peut à la fois être séduit par une personne car elle nous promet la sécurité, nous assure contre la crainte, nous dit ce que l'on a envie d'entendre. En même temps, il est possible de ressentir de l'aversion envers cette même personne, car nous pouvons avoir la pensée confuse qu'elle nous ment ou qu'elle nous manipule. Si une même personne peut provoquer deux sentiments contradictoires, c'est parce qu'elle nous renvoie à deux images différentes associées à deux moments différents : un moment où on a connu la crainte, et donc on veut s'en préserver, et un moment où on a connu l'espérance et on veut le retrouver. Face à ces deux affects opposés, nous allons faire un choix, ou, plus exactement nous pensons faire un choix et ce choix va suivre ce qui en nous est assez fort pour nous porter à croire qu'il est le meilleur pour nous. Or, et c'est là toute la puissance de la pensée de Spinoza, ce libre-arbitre n'est qu'apparent, car en croyant choisir, nous ne faisons que suivre ce que nous dicte à la fois notre mémoire et notre imagination qui sont déterminées par des rencontres contingentes qui nous affectent et laissent des traces en nous, dont nous n'avons pas conscience.

Il est à noter que pour Spinoza, l'espoir n'est pas un sentiment souhaitable, car il est instable, fragile et peut se retourner facilement en son contraire : quand j'espère, je crains d'être déçu et je n'agis pas pour obtenir efficacement ce qui peut me procurer de la joie. Ce sentiment qu'est l'espoir se trouve sans doute à l'origine de la superstition : je ne fais rien qui pourrait entraver la réalisation de cet espoir, au risque d'être désespéré...

Enfin, dans les propositions E3P19 et E3P20, Spinoza explicite comment les images que nous nous faisons de nos affects peuvent entraîner joie ou tristesse, donc augmenter ou diminuer notre puissance d'exister. Ainsi, si j'imagine qu'une chose que j'aime est détruite, je serai triste. Inversement, si j'imagine qu'elle perdure, je serai joyeux. On a donc affaire à un transfert des sentiments : mon effort pour persévérer dans mon être m'amène à imaginer avec joie l'effort d'un autre à persévérer dans son être. De la même manière, si j'imagine qu'une chose que j'ai en haine est détruite, je serai joyeux et si j'imagine qu'elle persiste, je serai triste. Ici la combinaison est plus complexe puisque c'est l'idée de la destruction d'un objet haï qui peut rendre joyeux. Donc pour augmenter la puissance d'agir du corps, l'esprit tend à imaginer que les choses qu'il déteste soient détruites et les choses qu'il aime préservées.

Si nous résumons : les affects qui touchent notre corps sont des causes extérieures, dont nous nous faisons des représentations. Or, ces affects vont être ou joyeux ou tristes, puisque le corps et l'esprit sont une seule et même chose sous deux attributs différents (en vertu de E1D2, E3P2 et E3P2S, et E3P3). S'ils sont joyeux, ils vont augmenter notre puissance d'agir et notre puissance de penser. Ils vont donc augmenter notre compréhension, donc notre liberté et notre puissance d'exister. Inversement, lorsque nous sommes tristes, parce qu'affectés par des choses que nous ressentons comme tristes, nous diminuons notre puissance d'agir et de penser, nous ne comprenons pas ou mal, nous acceptons et nous nous soumettons, comme s'il s'agissait non de l'effet de la réalité mais de la réalité même sur nous. Par exemple, si je rencontre un certain nombre de déboires ou de déceptions, voire de malheurs, je peux croire que c'est parce que je n'ai pas mené jusqu'à présent une vie moralement acceptable et considérer que ce qui m'arrive est dû à mon inconduite. Je peux donc alors penser qu'en me conduisant mieux, je ne serai pas puni ! Je vais donc peut-être alors suivre des préceptes religieux et même me mettre à prier afin d'attirer les bienfaits d'une puissance supérieure, alors qu'en réalité il faudrait que j'analyse mes actions et que j'essaie de comprendre les causes de leur échec. Pour la même raison, nous nous efforçons souvent d'aimer ceux qui nous dominent, parce que nous croyons qu'ils nous protègent, ce que Freud a développé à propos de la détresse du petit enfant qui se trouve à la fois dans une dépendance physique (résolution de ses besoins vitaux qu'il ne peut satisfaire seul) et une dépendance psychique (sans amour, il ne peut grandir ni se constituer comme sujet) dont l'adulte conserve des traces ineffaçables.

Une fois tous ces éléments posés, il s'agit pour nous de comprendre et d'expliquer comment les différents affects vont inter-réagir, à la fois à l'intérieur d'un homme mais corollairement aussi entre hommes, et donner lieu à des situations « positives », gratifiantes et libératrices ou à des situations d'acceptation et de soumission. C'est toute notre vie sociale, ou plutôt interpersonnelle si on admet que pour Spinoza les relations sociales sont des relations interpersonnelles stabilisées, qui est soumise à ces relations entre sentiments. En effet, les sentiments mettent en œuvre les relations du sujet à autrui, lesquels sentiments ont pour objet les sentiments d'autrui. L'esprit peut ainsi être affecté par l'imagination des sentiments d'un autre, c'est-à-dire par l'imagination de l'imagination d'une chose. La complexité de cette combinatoire des sentiments peut expliquer peut-être alors les raisons qui nous font prendre ce qui nous est néfaste pour ce qui nous est utile. La « confusion » des sentiments, leur contagion peuvent nous donner une explication au mécanisme de l'assujettissement à une religion. Le cas le plus paradigmatique est peut-être celui de l'engagement djihadiste. Ainsi, il semblerait que l'adhésion à ce « mouvement » se ferait par cette sorte de contagion affective, qui ressemble très fort à une forme de délire collectif fantasmatique, qui ne correspond en effet à aucune réalité mais qui apparaît comme une compensation de la frustration du renoncement au fantasme de toute puissance infantile.

Explication du mimétisme affectif

Les individus, originairement, sont noués les uns aux autres par des liens, des connexions interpersonnelles, dont les premiers sont ceux avec la mère ou son substitut. Sans vouloir faire d'anachronisme, puisque Spinoza n'a pas les éléments que nous donnera la psychanalyse, il met tout de même en évidence que la véritable base du lien social, ce ne sont pas les calculs raisonnés, mais l'enchaînement spontané des passions soumises aux seules règles de l'imagination, c'est-à-dire justement les affects. Si l'on peut voir chez Spinoza une forme de conceptualisation de l'individualisme, puisqu'il s'intéresse à la construction et au « fonctionnement » de l'individu, cet individualisme n'a rien à voir avec « l'individualisme méthodologique » de Weber pour qui le lien social se construit proprement comme lien social à partir des actions rationnelles par finalité basées sur le fait que nous attendons des autres un même comportement rationnel par finalité. Pour Spinoza, la construction de l'individu se fait d'abord dans ses relations affectives. De plus, nous nous faisons une image des sentiments des autres que nous intégrons dans les nôtres : l'imaginaire de l'autre est donc impliqué dans la constitution de nos sentiments par une forme de mimétisme.

Ainsi, nous sommes touchés de la même manière par les affects qui touchent nos semblables quand nous imaginons que ces affects nous touchent de la même façon (E3P27). En effet, les images des choses affectent notre corps quand les idées qui sont liées à ces affects nous représentent les corps extérieurs comme présents à notre propre corps. Cela permet d'expliquer cette imitation des affects que nous rencontrons entre nous. Ceci a des conséquences importantes que nous explorerons plus loin. Reprenons simplement le commentaire de Pierre Macherey : « Il apparaît ainsi que les rapports que les individus établissent réciproquement sur la base de ce mimétisme affectif, au lieu de passer simplement entre des individus maintenus définitivement extérieurs les uns aux autres, comme des cellules isolées, se nouent **originairement** [souligné par nous MPF] à partir des complexes affectifs tels que ceux-ci se forment mentalement sur le plan des constitutions individuelles, en faisant intervenir les principes d'une véritable économie affective, dont les règles concernent simultanément une pluralité d'individus que le mécanisme de leurs représentations imaginaires engage réciproquement les uns par rapport aux autres. »[19] Et c'est pourquoi, ajoute Pierre Macherey, la véritable base du lien social « a sa source, non dans les calculs de la raison, mais dans le déchaînement spontané des passions soumises aux seules règles de l'imagination. »[20]

[19] Macherey, 1995, p. 187.

[20] Ibid.

L'imitation des affects, selon Spinoza, représente le désir d'un certain objet qu'engendre en nous le fait que nous croyons, ou imaginons, que nos semblables le désirent également. L'émulation serait l'imitation du désir d'un autre, du désir des autres hommes. Aussi, si nous imaginons qu'une chose affecte de tristesse un être qui nous fait pitié, nous en aurons de la tristesse et nous essaierons d'imaginer ce qui pourrait détruire cette chose pour délivrer de son malheur cet être. Ceci explique l'engendrement de la bienveillance. De même, si nous croyons qu'une chose peut susciter de la joie, nous nous efforcerons de la rendre présente, puisqu'elle augmentera notre puissance d'exister.

Dans E3P29S, Spinoza étend ce mécanisme à ce qu'il appelle l'Humanité (*humanitas*) : celle-ci représente l'effort pour faire quelque chose ou pour s'en abstenir en fonction de ce que les autres hommes considèrent. *Agir* avec humanité, c'est agir en prenant en compte le genre humain et surtout en se considérant comme appartenant à ce genre. Cela peut expliquer l'engouement pour les grandes causes, l'engagement pour des idées généreuses. Spinoza n'utilise pas ici le terme de « reconnaissance », mais au fond on pourrait arguer qu'il s'agit quand même de cela : j'agis par humanité pour obtenir la reconnaissance du genre auquel j'appartiens et auquel je veux appartenir. Il ne s'agit pas ici d'une quelconque complaisance à quoi que ce soit, il s'agit juste d'exister.

Cependant, cela peut expliquer également l'enrôlement ou les mouvements de masses soit vers la révolution : si les hommes s'imaginent qu'elle les rendra heureux et qu'elle leur accordera cette « reconnaissance » ; soit vers la soumission à un chef, à une religion ou à une idéologie pour les mêmes raisons. Sauf que dans le second cas, les hommes se tromperont sur l'imagination de ce que sera leur bonheur et leur « réalisation » d'eux-mêmes, puisque précisément dans ce cas plutôt que d'être heureux en se réalisant, c'est-à-dire en augmentant leur puissance d'exister, ils diminueront celle-ci en se soumettant à un mode extérieur. Ainsi, les mécanismes mentaux d'identification et d'imitation des affects semblent se constituer de manière « automatique », c'est-à-dire sans aucun caractère de morale, mais suivant des lois naturelles d'association et de mimétisme, et que nous transformons en valeurs objectives, car poussés par la nature, nous recherchons ce qui, selon notre propre jugement, nous convient le mieux et ce qui nous convient le mieux, c'est d'être heureux. Ainsi, nous dit Spinoza (E3P31), si quelqu'un aime ce que nous aimons, nous aurons tendance à l'aimer aussi, et inversement pour la haine. De même, chacun s'efforce de faire en sorte que les autres aiment ce que lui-même aime et aient en haine ce que lui-même hait. Dans l'ambition, chacun s'efforce d'agir pour que les autres l'approuvent, mais en même temps chacun a tendance à vouloir ordonner les choses selon son propre tempérament. Aussi, les ambitieux veulent que les autres agissent selon leur décret, ils veulent être chefs, ils veulent dominer. Mais en même temps, pour devenir chef, il faut aussi suivre les sentiments de ceux à qui on veut commander. Spinoza va encore plus loin, parce qu'au fond nous souhaitons tous que les autres vivent selon notre ordonnance naturelle (selon notre *ingenium*) : « chaque moi veut être le tyran de tous les autres »[21]. Tous nous voulons être reconnus, aimés de tous, si bien que désirant tous la même chose, nous nous haïssons les uns les autres.

La lutte pour la reconnaissance

Cette lutte pour la reconnaissance pourrait préfigurer en quelque sorte la dialectique hégélienne du maître et de

[21] Matheron, 1988, p.168.

l'esclave. Notre existence est une lutte pour la reconnaissance et nous rendons grâce à ceux qui nous aiment et s'efforcent de nous faire du bien (E3P41S). La reconnaissance, chez Spinoza, n'a pas une visée utilitariste, mais est souci d'obtenir l'approbation des autres et d'y trouver plaisir. Or lorsque nous voyons quelqu'un obtenir l'approbation ou l'envie de la part des autres, nous sommes jaloux de la reconnaissance dont il jouit. C'est pourquoi lorsque nous imaginons que l'un d'entre nous jouit d'une chose dont il est seul à être le maître, nous faisons en sorte qu'il n'en soit plus le maître.

On peut voir ici une explication de la « coalition des faibles » qui se mettent sous la domination d'un ou de quelques-uns afin que l'un d'entre eux ne jouisse plus de ce que les autres n'ont pas et pour qu'il ne soit plus le maître, imaginaire ou pas. On peut penser aussi à l'analyse faite par Nietzsche dans la *Généalogie de la morale*, qui dit que les faibles se sont regroupés pour faire plier les forts et pour leur imposer la morale chrétienne qui veut que « les premiers seront les derniers ». Il en va ainsi peut-être de certaines formes de racisme et de fascisme : lorsque les Européens, plus largement que les Allemands, s'imaginaient que les juifs étaient plus riches, la haine s'est tournée contre eux et il s'est agi de leur enlever ce qu'on les croyait posséder (ce qui s'est passé sous le IIIe Reich est évidemment bien plus complexe que notre simplification). Au fond, c'est toujours le même principe du bouc émissaire qui focalise les envies et la violence : pour être ou avoir ce qu'on n'est pas ou ce qu'on n'a pas, on est parfois prêt à tuer l'autre pour prendre, toujours imaginairement, sa place.

De fait, comme le dit Spinoza dans E3P32S : les hommes « ont pitié de ceux pour qui les choses vont mal, mais envient ceux pour qui elles vont bien ». Il ne s'agit pas ici d'une position morale, comme nous l'avons souligné plus haut, mais de la description de la nature humaine. Il ne s'agit pas d'un classement des sentiments entre vices et vertus, mais d'un ordre « neutre » qui découle de l'enchaînement des causes et des effets. C'est pourquoi tous les sentiments prennent racine dans le même processus mental et sont facilement réversibles. Par les phénomènes de contagion des affects et d'identification, par l'imitation des affects augmentés encore si on « imagine qu'un autre désire pour soi la même chose. » (E3D35), on peut comprendre ce désir que nous pouvons avoir de posséder ce que l'autre a ou d'être ce qu'il est.

Pourtant, comme la tristesse diminue notre conatus, nous faisons tout pour l'éviter. A l'inverse, comme la joie l'augmente, nous la recherchons. Mais en désirant ce que les autres désirent, et c'est notre nature, nous nous trompons souvent et cela explique pourquoi nous demeurons dans la tristesse ou nous la rencontrons, alors même que nous cherchons à la fuir.

On peut résumer la combinatoire mise en place par Spinoza de cette façon : il existe d'abord des sentiments primaires (désir, joie et tristesse). Ces sentiments vont se lier à l'idée d'une chose en général (par exemple j'aime telle personne), puis à l'idée d'un individu capable de sentiments (je peux imaginer les sentiments de cette personne : joie ou tristesse), puis encore liés à l'idée du sentiment d'un individu capable de sentiments (c'est-à-dire ce que cette personne ressent actuellement) et enfin liés à l'idée du sentiment d'un individu capable de sentiments, qui est lui-même lié au sentiment d'un individu qui est également objet d'un sentiment pour le sujet (ce qui donne lieu à une situation triangulaire : si une autre personne aime cette personne que j'aime ou si j'imagine que la personne que j'aime en aime une autre).

Spinoza distingue ainsi deux grandes catégories de sentiments : des sentiments tournés vers le sujet lui-même, c'est-à-dire au fond l'image que j'ai de moi-même, et des sentiments « altruistes » qui prennent pour objet des individus autres que le sujet. On peut noter ici la forte ressemblance avec la libido narcissique et la libido d'objet freudiennes La première ontologiquement d'ailleurs est tournée vers le sujet lui-même : le Moi s'aime d'abord lui-même, la seconde se tourne vers l'extérieur et choisit un « objet » c'est-à-dire un autre, ou une chose comme dans le fétichisme. Cette combinatoire et cette imitation des sentiments décrites par Spinoza jouent un rôle décisif dans le fonctionnement de notre psychisme, ainsi que dans notre vie sociale.

Répercussion dans la vie sociale

En effet, on peut considérer que la constitution des faits sociaux procède de ces liens affectifs interpersonnels qui se nouent dans le mimétisme. Ces mécanismes répétitifs et réguliers forment des complexes stables de relations interpersonnelles qui sont précisément des faits sociaux. C'est ce qu'affirme d'ailleurs Spinoza lorsqu'il élargit son propos dans E3P46 : « Si quelqu'un a été affecté, par quelqu'un d'une certaine classe ou nation différente de la sienne, d'une joie ou d'une tristesse accompagnée, comme cause, de l'idée de celui-ci, sous le nom universel de sa classe ou de sa nation : il aimera ou aura en haine, non seulement celui-ci, mais tous ceux de la même classe ou nation. »

Par ce mécanisme, on peut comprendre que notre connaissance de l'autre n'est jamais d'abord rationnelle, que cette connaissance-là demande un effort important, car nous connaissons d'abord par ressemblance et imagination. Cela permet d'expliquer également la formation de l'opinion commune et son caractère foncièrement irrationnel. Cette opinion peut se généraliser à tout un groupe sur la simple base d'une ressemblance extérieure ou accidentelle. Et alors s'expliquent les processus psychiques qui forment la trame du nationalisme, du racisme, mais aussi de toute forme de croyance religieuse, de cette soumission à l'irrationnel. En effet, je n'adhère pas à tel groupe ou à telle communauté d'abord par un choix rationnel, mais parce que je me retrouve affectivement dans ce groupe ou cette communauté.

Enfin, dans la fin de la troisième partie de l'*Éthique*, Spinoza va insister sur l'inconstance de l'homme. Spinoza nous dit que face à un même objet, nous n'allons pas tous ressentir la même chose. Même plus, le même homme face à un même objet mais en des moments différents, peut ressentir cet objet différemment. Cela s'explique par la fluctuation des affects, par le « flottement de l'âme » et parce que ce qu'il croit faire pour augmenter sa joie ou pour diminuer sa tristesse n'est bien souvent qu'imaginaire. En cela, l'homme est à lui-même la cause de sa joie ou de sa tristesse. Certes les hommes ne sont pas libres, car ils ne sont pas cause d'eux-mêmes. Néanmoins, ils ont conscience qu'ils produisent eux-mêmes cette joie ou cette tristesse, et c'est pour cela qu'ils se croient libres. Comme nous l'avons souligné à plusieurs reprises, l'humanité commence par l'affect d'où sont dérivées nos habitudes de penser et de juger. Les hommes se connaissent d'abord à travers les affections de leur corps et les idées qu'ils s'en font. Mais ces habitudes sont des causes inadéquates, elles font que nous nous trompons sur nous-mêmes et que nous nous croyons libres. Cette illusion est produite par ce qui asservit l'homme, à savoir la physique des sentiments qui le fait « flotter » sans cesse. De fait, comme le souligne Matheron[22], nous prenons des causes extérieures pour des réalités et des qualités intrinsèques qui appartiendraient à ceux qui nous entourent.

[22] Matheron, 1988, p.192.

Néanmoins, lorsque l'esprit se contemple, quand il réfléchit, il passe à une plus grande perfection, car il est joyeux du fait de sa plus grande compréhension. En effet, toujours en s'appuyant sur le même ressort affectif, on peut comprendre que les hommes aiment contempler leur propre puissance d'agir, car c'est l'essence même de l'esprit que sa puissance. Aussi, l'esprit est-il joyeux lorsqu'il agit, c'est-à-dire lorsqu'il conçoit des idées adéquates, lorsqu'il comprend. Et plus il comprend, plus il affirme donc sa puissance et donc plus il persiste dans son être. A l'inverse, lorsque nous avons des idées inadéquates, lorsque nous pâtissons car nous imaginons, nous diminuons notre puissance d'exister et augmentons donc notre tristesse. Certes, nous pouvons aussi éprouver de la joie en ayant des idées inadéquates (je peux être joyeux à l'idée d'une personne dont j'imagine qu'elle m'aime, alors qu'en réalité elle ne m'aime pas du tout !), mais cette joie est inconstante et sous le régime de l'imagination tous nos affects nous plongent dans l'état que Spinoza nomme « fluctuations de l'âme ». Au contraire la joie née de l'exercice de la raison est une joie constante qui correspond à une augmentation durable de notre puissance d'exister. Aussi nous faut-il faire preuve de fermeté, nous efforcer de suivre la seule raison et d'aider tous les autres hommes et se lier d'amitié avec eux (E3P59S), puisque « rien n'est plus utile à un homme qu'un autre homme » (E4P18S). Il n'est pas question ici de renoncer à la joie et au désir, mais au contraire de leur donner une extension maximale, de ne laisser aucune place à la tristesse. Cela est possible par une meilleure compréhension de notre nature, qui peut alors, par cette compréhension, déjouer les pièges « naturels » de la soumission liés à notre imagination. En passant de l'idée confuse à l'idée adéquate, l'esprit affirme sa force d'exister, affirme l'essence actuelle de son corps dont il a formé une idée vraie.

Forts de tout ceci, il s'agit maintenant de comprendre les processus par lesquels nous sommes asservis à nos affects.

Il n'existe pas de finalité dans la nature, donc pas de valeurs extérieures à nous

Nous sommes ainsi comme soumis à une force extérieure, qui pourtant est intérieure mais qui se constitue à partir du rapport que nous avons avec l'extériorité, et sans que notre volonté puisse quoi que ce soit sur le cours de nos actions. Mais nous avons déjà vu que pour Spinoza, il n'existe pas de faculté de l'esprit qui se nommerait volonté puisqu'il la confond avec l'intellect. L'homme n'est pas cause de ses actes, comme il n'est pas cause de lui-même. Il est donc balloté, impuissant, par les passions qui l'agitent tant qu'il ne vit pas sous le commandement de la raison.

Cependant, il ne s'agit pas de faire ce constat et d'en rester là, l'impuissance humaine n'est pas absolue – si d'ailleurs elle l'était l'homme ne pourrait tout simplement pas vivre[23] –, d'où la justification de cette quatrième partie de l'*Éthique* qui s'intitule : « De la Servitude Humaine, *autrement dit*, des FORCES des Affects ». Spinoza se propose, après avoir décrit le mécanisme des affects, d'en déterminer la cause, d'expliquer la cause de la servitude humaine, mais aussi et surtout de mettre en évidence la possibilité pour l'homme de se libérer sur le plan même de la servitude. En fait, nous nous faisons des idées sur ce que nous créons et sur ce que nous percevons – on pourrait presque dire que des idées se forment en nous –, et nous prenons ces idées comme modèles auxquels nous venons comparer la réalité, en croyant

[23] Pierre Macherey remarque que si cette impuissance « était radicale, elle coïnciderait avec l'abolition complète de la puissance qui constitue l'être humain, c'est-à-dire avec sa disparition ou la destruction de sa nature. » (Macherey, 1997, p. 11).

que la réalité, ou la nature, les a aussi pour modèles comme si elle suivait une cause finale. Or, selon Spinoza, il n'y a pas de finalité dans la nature, mais ce que nous appelons cause finale correspond seulement à nos appétits, elle n'est que le fruit de l'imagination. C'est ce que Spinoza récapitule dans l'appendice de la première partie : penser qu'existe une finalité dans la nature relève d'un préjugé, Dieu, ou la nature, n'a pas de volonté, Dieu, ou la nature, existe nécessairement, toutes les choses sont en lui et dépendent de lui et obéissent à ses lois, qui sont les lois de la nature.

Aussi, lorsque nous ne percevons pas dans la nature ce que nous y attendons, nous décrétons qu'elle est imparfaite. Mais la réalité n'est ni parfaite ni imparfaite ; elle est simplement, produite par des causes déterminées. En jugeant ainsi de l'imperfection du réel, nous tombons dans l'illusion finaliste : « Et la cause qu'on dit finale n'est rien d'autre que l'appétit humain lui-même, en tant qu'on le considère comme le principe d'une chose, autrement dit comme sa cause primaire. » (E4, Préface). Comme nous ignorons les vraies causes, nous imaginons l'ensemble des processus naturels selon le sentiment de nos propres désirs. En effet, comme il se croit libre, l'homme ne peut faire autrement que de voir de la finalité à la fois dans ses actions et dans la nature. En réalité, il se trouve soumis aux affects qui se sont formés en lui à partir de ses relations avec l'extérieur et les idées qu'il s'en ait faites, croyant avoir affaire à des valeurs transcendantes en termes de bien et de mal. Or, dans les définitions qui suivent la préface de la quatrième partie, Spinoza précise que nos affects ne sont pas bons ou mauvais en eux-mêmes, mais on doit tenir pour bon ce qui nous est utile, ce qui convient à tous les hommes et mauvais ce qui les empêche d'obtenir un bien. Les valeurs, y compris les valeurs morales, sont relatives aux hommes. C'est en comprenant cela, à partir de la connaissance de la nature humaine que l'homme peut se libérer de la servitude des affects, donc de ses craintes et de ses espérances, en accomplissant toutes ses potentialités, en développant sa vertu, c'est-à-dire sa puissance ou conatus, qui est l'essence même de l'homme.

Se libérer de l'illusion

Ainsi, l'homme « a le pouvoir de faire certaines choses qui peuvent se comprendre par les seules lois de sa nature. » (E4D8), le tout étant justement de comprendre ces lois de la nature et les lois de sa nature, au lieu de se maintenir dans l'illusion produite par l'imagination. Cependant, se défaire de l'illusion n'est pas si simple que cela. En effet, les représentations imaginaires résistent à la manifestation du vrai, car en elles-mêmes elles ont une réalité pour l'esprit. Aussi, la connaissance des causes ne suffit pas pour déjouer les illusions. Ainsi, Spinoza prend-il cet exemple fameux de la distance au soleil (E4P1S). Les sens, c'est-à-dire le corps, nous le font croire proche, alors qu'en réalité il est très éloigné. Nous avons beau savoir « intellectuellement » qu'il se situe très loin, il n'en reste pas moins que nous continuons de l'imaginer plus proche, car l'esprit conçoit la distance au soleil en fonction de l'affection des sens par celui-ci. Et ce que conçoit l'esprit n'est pas faux, en ce sens qu'il est réellement affecté, mais il se trompe car il confond l'état du corps humain, ce qu'il ressent, avec la nature de la chose extérieure : ce que je contemple lorsque je regarde le soleil, ce n'est pas la réelle distance qui existe entre lui et moi, mais l'image que je m'en fais en fonction des dispositions de mon corps.

Les affects de l'esprit ont ainsi leur puissance propre et la connaissance rationnelle ne suffit pas à les déjouer. Cela s'explique par le fait que chaque individu ne constitue qu'une partie de la nature, il ne peut exister par soi, il n'existe que par les causes naturelles qui le produisent et agissent sur lui. La puissance de la nature lui est bien supérieure, c'est pourquoi l'homme la subit et doit s'y adapter. La puissance d'exister de l'homme est limitée par les changements extérieurs à lui dont il n'a pas la maîtrise et dont il n'est pas la cause. C'est pourquoi les passions, au sens où elles nous rendent passifs, sont des causes extérieures que l'homme subit nécessairement, auxquelles il ne peut échapper du fait même de sa nature. Il ne peut que suivre l'ordre de la nature et lui obéir. L'homme est foncièrement impuissant dans cet ordre en tant qu'être déterminé, il est limité par la puissance des autres êtres, même si lui-même cherche à déployer sa propre puissance d'exister.

On peut noter ici l'originalité de Spinoza qui affirme que nous ne sommes pas à l'origine de nos passions, que pas même notre corps n'en est la source. Ce qui suscite la passion c'est d'abord l'effet des choses extérieures sur nous que nous ne pouvons absolument pas maîtriser. Nous sommes aussi loin de la conception stoïcienne des passions comme erreur de jugement que de la conception cartésienne qui fait résider l'origine de la passion dans l'union de l'âme et du corps. Ce qu'il nous faut comprendre, c'est que la passion représente une cause extérieure, une puissance étrangère qui ne dépend pas de notre conatus ou plus précisément dont notre conatus n'est pas à l'origine. C'est plutôt l'inverse qui se produit dans la mesure où lorsque le corps fait l'objet d'un affect qui peut augmenter ou diminuer sa puissance d'agir, l'esprit augmente ou diminue sa puissance de penser selon l'idée (c'est-à-dire quand l'affect se rapporte à l'esprit) par laquelle il affirme une force d'exister plus ou moins grande de son corps. Ce qui va permettre de modifier « l'impact » de l'affect, ce n'est pas l'esprit en tant que tel, mais c'est l'idée d'une affection du corps contraire et plus forte à celle que nous subissons présentement.

Ce qui peut contrarier un affect, c'est un affect plus fort. La connaissance vraie et les affects sont incommensurables. L'affect est une idée qui exprime une force d'exister du corps plus ou moins grande, mais n'a rien en lui qui pourrait être enlevé par la présence du vrai (comme tout à l'heure avec la distance au soleil). Partant, le désir a pour origine notre propre essence. Mais les désirs, qui naissent de causes extérieures, sont plus puissants que notre propre puissance, puisque la puissance de la nature est infiniment supérieure à la nôtre. C'est pourquoi, il nous faut connaître à la fois ce que nous pouvons et ce que nous ne pouvons pas en fonction de notre nature pour savoir ce qui est au pouvoir de la raison et ce qui ne l'est pas. Il n'est pas nécessaire de se morfondre sur nos actions et le jugement moral que l'on peut porter sur elles, il faut déterminer ce que nous pouvons.

Se réaliser : exister

Comme nous l'avons vu, un désir né de la joie est plus fort qu'un désir né de la tristesse et agir par vertu, c'est conserver son être sous la conduite de la raison d'après le principe qu'il faut chercher l'utile qui nous est propre – autrement dit, la raison n'est pas une sorte de norme transcendante à laquelle nous devrions nous plier, mais l'expression adéquate de notre essence. La vertu est alors « la puissance même de l'homme, qui se définit par la seule essence de l'homme, c'est-à-dire qui se définit par le seul effort que fait l'homme pour persévérer dans son être. » (E4P20D), cela signifie que plus nous développons notre conatus, plus nous sommes vertueux, plus nous existons : « Le désir d'être est l'unique fondement de la nature. »[24]

Pour Spinoza, il est impensable de croire que nous pouvons être heureux, c'est-à-dire bien agir et bien penser, sans en

[24] Matheron, 1988, p.247.

même temps désirer exister. Il ne s'agit pas simplement de survivre, mais justement d'ex-ister et de chercher à augmenter sans cesse cette puissance d'exister. « Nul ne peut désirer être heureux, bien agir et bien vivre, sans désirer en même temps être, agir et vivre, c'est-à-dire exister en acte » (E4P31). Le conatus, l'effort pour persévérer dans son être, représente la vertu première, le fondement naturel de la morale : on ne peut se conduire bien qu'en suivant la raison qui n'est pas autre chose que la compréhension de l'enchaînement naturel des causes. Ainsi, la vertu suppose-t-elle la connaissance. En effet, si l'homme a des idées inadéquates, il ne peut agir complètement par vertu, car il ne connaît pas les lois de sa propre nature. En revanche, s'il a connaissance de la nécessité des lois de la nature et des lois de sa propre nature et qu'il les comprend, il agit alors par vertu, par sa seule essence : « la vertu, si elle signifie quelque chose, ne peut consister qu'en la puissance que nous avons de faire ce qui se déduit des seules lois de notre nature. »[25] C'est pourquoi notre utile propre consiste à comprendre, l'effort pour conserver son être, c'est l'effort pour comprendre : « Le désir de connaître est la vérité du désir d'être. »[26]Ce qui est bien est ce qui nous conduit à comprendre, est mal ce qui nous empêche de comprendre, car l'esprit ne peut avoir des certitudes qu'en raisonnant, en comprenant, en formant des idées adéquates, c'est-à-dire en ne se trompant pas de monde.

Le souverain bien consiste alors à connaître Dieu, ou la nature, c'est-à-dire au fond les lois naturelles de notre « fonctionnement ». Une fois de plus, nous sommes loin des conceptions morales habituelles. De fait, nous pouvons voir dans E4P18S que la raison ne commande rien contre nature,

[25] Ibid., p.245.
[26] Ibid., p. 253.

demande que chacun s'aime lui-même et cherche son utile propre, que l'autonomie complète de l'homme est impossible et que se joindre à d'autres hommes est le meilleur moyen d'augmenter sa puissance d'exister, car « à l'homme donc, rien de plus utile que l'homme » (E4P18S). Et les hommes qui sont gouvernés par la raison sont ceux qui cherchent ce qui leur est utile sous la conduite de la raison et n'aspirent à rien d'autre pour eux qu'ils ne désirent aussi pour les autres, « dans la mesure où ils ont même nature que nous, leurs fins recoupent les nôtres et les mêmes moyens leur sont utiles. »[27] .

Toutefois, les hommes sont aussi sujets aux passions, dans ce cas-là ils ne se définissent pas par leur propre essence, mais par des causes extérieures. Ils ne peuvent alors convenir entre eux, car ils ne conviennent pas en nature, puisqu'ils dépendent de causes extérieures. Même plus, les passions peuvent opposer les hommes les uns aux autres, car ils discordent alors en nature, même lorsque leurs passions ont le même objet (dans le cas de la jalousie ou de l'envie), ce qui peut expliquer la haine.

Aussi, lorsque les hommes sont capables de comprendre leur nature et la nature, ou Dieu, ils comprennent en même temps qu'ils ne peuvent que désirer que les autres hommes en fassent autant. Cela pour trois raisons. La première est que chacun aime que les autres vivent selon son propre naturel (E4P37S1). Mais prise en elle-même, cette raison peut commander des affects nuisibles qui nous rendent insupportables aux autres. La seconde est que les hommes s'accordent en nature quand ils suivent la raison, puisqu'il s'agit de leur essence, on pourrait même ajouter de leur existence, et qu'alors ils savent que rien n'est plus utile à un homme qu'un autre homme. Aussi si la raison représente un

[27] Ibid., p.264.

bien, et si d'autres le désirent, cela produira une émulation pour que tous les hommes le désirent, et comme ce bien est partageable par tous, car il leur est commun, il n'y aura pas de concurrence entre eux, pas d'opposition, donc pas de passions tristes comme la jalousie ou l'envie. Enfin, la troisième raison est qu'une fois qu'on a saisi cette vérité, on ne peut plus revenir en arrière, de la même manière que celui qui a compris une démonstration mathématique ne peut plus supposer que le théorème soit faux. Où on voit que les notions de libre-arbitre et de volonté chez Spinoza sont vidées de sens, laissant place à une idée bien plus radicale de la liberté. Paradoxalement, c'est en se dérobant à la nécessité qu'on se soumet aux choses extérieures et qu'on n'accomplit pas son essence.

Les affects joyeux sont à privilégier

Pour que la société humaine puisse persister, il faut qu'elle prescrive des règles de vie commune, garanties non pas par la raison des citoyens, mais par des lois elles-mêmes associées à des menaces en cas de non-respect. De fait, on peut constater, le plus souvent, que l'on s'abstiendra de causer un dommage par crainte d'en subir un plus grand, non parce que l'on suit la raison. On peut en induire avec Spinoza que le juste et l'injuste, la faute et le mérite ne sont pas des valeurs qui existent en elles-mêmes et inhérentes à notre nature. Ce sont des notions extrinsèques qui procèdent de l'imagination et sont utilisées pour permettre la vie sociale. Les institutions politiques ne représentent alors qu'un moyen terme qui permet de faire coexister les exigences de la raison, qui veut que l'on persévère dans son être, et la faiblesse des hommes soumis aux passions – en tant qu'ils sont soumis aux passions, les hommes s'opposent les uns aux autres, répète Spinoza. Cependant, lorsque les hommes vivent sous la conduite de la raison, ils s'accordent en nature : le bien qu'ils recherchent pour eux-mêmes, ils le veulent pour tous les autres. C'est pourquoi, il nous faut tendre à suivre la raison. C'est bien pour cela que Spinoza propose de faire une distinction entre les affects qui procurent de la joie et ceux qui procurent de la tristesse. Il valorise ceux qui nous rendent joyeux, car, le plus souvent, ils nous rendent plus enclins à nous associer avec les autres hommes et à nous accorder à eux. A l'inverse, les affects tristes introduisent la discorde – même si certains affects tristes, comme la pitié, peuvent avoir une utilité sociale, la pitié venant contrebalancer la cruauté (E4P50). De plus, plus notre corps est disposé à être affecté de différentes façons, plus il a d'expériences, plus l'esprit lui-même est rendu apte à percevoir, mais aussi donc à comprendre. Spinoza nous dit une chose qui peut sembler un peu curieuse, mais qui est véritablement le fond de sa pensée : plus les parties du corps sont affectées ou plus celui-ci peut affecter de corps extérieurs, plus cela est utile à l'homme (E4P38)[28]. Cela peut apparaître contradictoire, dans la mesure où l'on peut comprendre que plus nous subissons d'affects, plus nous sommes raisonnables ! Mais Spinoza ne sépare pas les affects de la raison, comme il ne sépare pas le corps de l'esprit, car ce serait méconnaître notre nature, et par conséquent méconnaître la nature (ou Dieu). Ce qu'il nous faut comprendre, c'est qu'un homme qui ne ressentirait aucun affect ne serait ni bon pour lui, ni bon pour les autres, il ne serait donc rien. En effet, l'esprit étant l'idée du corps, plus ce dernier ressentira d'affects joyeux, plus l'esprit sera à même de s'ouvrir à la pensée et à la compréhension de lui-même et de la réalité, plus il sera en mesure d'avoir des

[28] « Ce qui dispose le Corps humain à pouvoir être affecté de plus de manières, ou ce qui le rend apte à affecter les corps extérieurs de plus de manières, est utile à l'homme ; et d'autant plus utile qu'il rend le Corps plus apte à être affecté et à affecter les corps extérieurs de plus de manières ; et est nuisible au contraire ce qui y rend le Corps moins apte. »

idées adéquates qui dépasseront les vues ou les « images » partielles de la réalité que nous donnent à voir l'imagination, moins il se laissera enfermer dans des passions tristes, moins il se focalisera sur elles et donc plus il sera autonome.

Ainsi, si mes affects sont réduits, ciblés et si en plus ils sont tristes, ils me donnent une perception tronquée et restreinte de la réalité. On peut comprendre alors que l'allégresse[29] soit l'affect le plus « performant », le plus englobant, car elle touche toutes les parties du corps, elle nous « emporte » et nous remplit (elle ne peut avoir d'excès). Elle est donc toujours bonne, car elle augmente notre puissance d'agir, elle nous donne envie de vivre, d'exister, de sortir de nous-mêmes, de nous ouvrir, on pourrait même dire de nous épanouir (comme une fleur s'épanouit complétement lorsqu'elle arrive à pleine floraison). Elle peut nous permettre aussi d'atteindre au sentiment de plénitude, lorsqu'il n'y a plus de distance entre la pensée et l'être, comme si nous ne faisions qu'un avec le monde parce que nous le comprenons. Alors connaître, c'est être davantage, c'est faire l'expérience de la joie comme plénitude d'être et c'est finalement comprendre que l'on est éternel.

Toutefois, comme nous le savons, l'allégresse est rare, c'est d'ailleurs pour cela qu'elle est aussi précieuse. En règle générale, les affects ne touchent qu'une partie du corps. Étant alors concentrés, ils peuvent devenir excessifs comme le sont parfois l'amour et le désir. Cela dit, ces derniers sentiments ne sont pas complétement négatifs, puisqu'ils nous poussent à vivre, à vouloir augmenter notre puissance d'agir et notre puissance de penser et donc d'exister.

[29] Pautrat traduit *hilaritas* par « allégresse » alors que d'autres traducteurs, Saisset, Guérinot, Misrahi, parlent de « gaieté ». Il semble cependant que « allégresse » rend mieux l'esprit du texte. La gaieté peut-être assez passive alors que l'allégresse est plus active.

A l'inverse, il existe des affects emprunts de tristesse et qui ne sont donc pas bons pour nous, puisqu'ils diminuent notre conatus. Ainsi, la haine ne peut-elle jamais être bonne, car elle nous incite à détruire, ce qui évidemment est le contraire de la vie. Ce qu'elle détruit d'ailleurs, c'est d'abord le sujet lui-même ! Les passions comme l'envie, la moquerie, la mésestime, la colère, la vengeance, etc., sont également mauvaises, car elles focalisent notre attention sur des choses qui desservent l'existence : quand je pense à me venger et que je ne vis plus que pour cela, je me limite moi-même dans mes actions et dans ma pensée, je m'ampute moi-même, je me donne moins de puissance d'exister. Par opposition à l'allégresse, la mélancolie est toujours mauvaise, et ce n'est pas un hasard si les cibles de Spinoza sont les Mélancoliques, les Misanthropes, les Théologiens et les Moralistes[30].

Comme nous pouvons le constater, pour Spinoza « l'affectif » est primordial, comme il le sera plus tard chez Freud.

Chez celui qui est conduit par la raison, la crainte et l'espérance n'ont aucune place

Toutefois, certains affects, comme l'espérance et la crainte, la sécurité et le contentement ou encore le désespoir et le remords, selon Spinoza (E4P47), ne sont pas bons en eux-mêmes car ils inspirent la tristesse, même quand ils se présentent, de prime abord, comme des affects joyeux. Comment comprendre, en effet, que l'espérance ou la sécurité puissent être des affects tristes, alors qu'ils semblent plutôt rassurants ? Le raisonnement de Spinoza est édifiant et éclaire particulièrement notre propos. En effet, lorsque nous craignons une chose, nous espérons qu'elle n'arrive

[30] Spinoza, *Traité politique*, in Œuvres V, PUF, 2005.

pas ou espérons qu'une chose meilleure arrivera. Nous sommes donc dans une situation désagréable d'attente face à ce qui nous est encore inconnu et dont nous espérons la non-venue lorsque nous la craignons et que nous la souhaitons remplacée par une autre qui nous paraît meilleure. Nous éprouvons donc des sentiments négatifs, qui nous tournent sur nous-mêmes et nous font imaginer un avenir sur lequel nous n'avons aucune prise. N'ayant aucune maîtrise et demeurant dans l'expectative, nous sommes donc dépendants et impuissants face à cette chose que nous craignons et dont nous espérons qu'elle n'arrivera pas ou qu'une autre arrive à la place. Cependant, dans l'attente et la crainte, nous sommes prêts plus volontiers à nous soumettre, à accepter ce que nous refuserions dans d'autres conditions – c'est ce qu'explique clairement la préface du *TTP* : si les hommes en sont si souvent réduits aux superstitions, c'est parce qu'ils désirent sans mesure les biens incertains de la fortune et ainsi « ils flottent misérablement entre l'espoir et la crainte ; c'est pourquoi ils ont l'âme si encline à croire n'importe quoi : lorsqu'elle est dans le doute la moindre impulsion la fait pencher facilement d'un côté ou de l'autre ; et cela arrive bien plus facilement encore lorsqu'elle se trouve en suspens par l'espoir et la crainte qui l'agitent – alors qu'à d'autres moments elle est gonflée d'orgueil et de vantardise. »[31]

Nous pouvons noter que les religions tendent justement à entretenir ces deux affects que sont la crainte et l'espérance, par exemple : crainte d'être puni pour avoir pêché, espérance d'être pardonné. Dans les deux cas, nous sommes bel et bien dans une situation d'impuissance et d'incapacité. Nous sommes alors souvent amenés, car nous croyons ne pas avoir le choix et parce que nous pensons qu'il s'agit de

[31] TTP, 1999, Préface, p.57.

la réalité elle-même, que nous oublions que ce n'est qu'un effet de la réalité sur nos affects, à accepter des compromis, voire à renoncer totalement à notre puissance d'exister et à nous soumettre à des entités transcendantes. C'est donc par ignorance, par une connaissance inadéquate, que nous « acceptons » de nous soumettre. Mais en croyant réaliser notre utile propre, nous nous trompons puisque nous diminuons notre puissance d'exister. De même, la sécurité et le contentement sont certes des affects de joie, mais qui ne dépendent pas complétement de nous. Je suis en sécurité et content, lorsque je crois que je n'ai plus rien à craindre et que donc je n'ai plus besoin d'espérer quelque chose de meilleur. Cependant, ces affects sont instables et ne m'offrent aucune maîtrise de ma puissance d'exister, puisqu'ils ne font que m'assurer temporairement contre la crainte. De la même manière, le désespoir et le remords, qui sont des passions tristes puisqu'elles me font me morfondre, me rendent dépendants de choses extérieures à moi, du bon vouloir d'autres individus, d'une autorité supérieure ou de la simple fortune. Dans tous les cas, mon esprit est impuissant.

C'est pourquoi, plus nous vivons sous la conduite de la raison, qui ne nie pas nos affects, mais qui essaie de les analyser et de les comprendre, plus nous nous éloignons de la dépendance que représentent la crainte et l'espoir. Et si je ne crains et n'espère plus, je n'ai plus besoin de rechercher une sécurité plus ou moins imaginaire et une satisfaction dépourvue d'objet[32]. Ainsi si la crainte et l'espérance sont les ressorts fondamentaux de la soumission religieuse (crainte de Dieu et espérance du salut), alors toute

[32] C'est précisément cette libération affective qui conduit l'homme libre à décliner autant qu'il le peut les bienfaits des ignorants (voir E4P70), comme Spinoza lui-même l'a fait en refusant poliment les offres de l'Électeur Palatin ou du Grand Condé.

la théorie des affects sape à la base les principes de toute religion.

La libération par la connaissance adéquate

Ceci nous amène à la dernière partie de la quatrième partie de l'*Éthique*, dans laquelle Spinoza met en évidence que ce que nous vivons en suivant les passions, c'est-à-dire les affects qui découlent d'actions de causes extérieures sur nous et qui s'enracinent en nous en se fixant imaginairement, peut être vécu bien plus profitablement sous la conduite de la raison. Ce qui conduit à la soumission et à la tristesse, c'est fondamentalement l'ignorance en général (l'ignorance de Dieu et des choses) et l'ignorance de nous-mêmes en particulier.

Spinoza ne nie pas qu'il faille utiliser les passions comme la crainte ou l'espérance pour gouverner les hommes. En effet, sans celles-ci, les hommes se comporteraient certainement de manière bien plus terrible. De plus, des hommes menés par la crainte et l'humilité sont plus faciles à « convertir » à la raison, car ils sont capables d'entendre, d'écouter. Pour cela, il faut que les hommes prennent conscience de leur ignorance, et donc de leur impuissance. Il faut donc qu'ils comprennent que des passions comme l'orgueil, la gloire, sont des passions vaines, car elles offrent une vaine satisfaction de soi, puisque celle-ci ne dépend que de l'opinion des autres, elles ne nous donnent qu'une conception tronquée et partielle de la réalité. Cependant, comme le but est la satisfaction de soi, de là « naît un énorme appétit de s'opprimer les uns les autres de toutes les façons possibles » (E4P58S), ce que l'on retrouve dans tous les fanatismes. Mais ces passions vaines ne sont que la marque de notre profonde ignorance et de l'impuissance de notre âme. Elles ne sont donc que le palliatif de notre incapacité de suivre la raison. Or, « Le premier fondement de la vertu est de conserver son être, et ce sous la conduite de la raison » (E4P22C) Si je suis ignorant, je ne peux connaître le fondement de toutes les vertus. A l'inverse, si j'agis sous la conduite de la raison, je ne peux l'ignorer, car la raison est justement ce qui me permet d'élaborer des connaissances et de me comprendre moi-même. Il n'y a donc de la part de Spinoza aucun fatalisme, ni aucun pessimisme puisque : « A toutes les actions auxquelles nous détermine un affect qui est une passion, nous pouvons être déterminés sans lui par la raison. » (E4P59). Pour cela, il nous faut agir en suivant la nécessité de notre nature, ce qui suppose de la connaître, mais de comprendre d'abord rationnellement nos passions, ainsi que leur rôle. Nous comprendrons alors qu'un désir né de la raison évite les excès produits par les passions et surtout prend en considération le corps tout entier et n'offre donc pas une satisfaction seulement « ciblée », mais une réelle satisfaction de soi et tient compte « de l'utilité de l'homme tout entier » (E4P60). Nous pouvons illustrer ce propos à nouveau par cette auto-référence : la lecture de l'*Éthique* procure une satisfaction joyeuse, dès lors que les propositions s'enchaînent dans notre esprit et augmentent notre puissance de penser, donc d'exister. Leur compréhension montre la vanité de la crainte et de l'espérance : « Car, en tant que nous comprenons, nous ne pouvons aspirer à rien qui ne soit nécessaire, ni, absolument parlant, trouver de satisfaction ailleurs que dans le vrai ; et par suite, en tant que nous comprenons correctement ces choses, l'effort de la meilleure part de nous se trouve en cela convenir avec l'ordre de la nature tout entière » (E4A ch XXXII).

En revanche si, comme Spinoza[33], nous reprenons l'exemple de la crainte, nous constatons que celui qui agit sous son empire n'agit pas par raison, mais par espérance d'éviter un mal. Il ne voit qu'à court terme et ne comprend pas tous les enjeux de son action, il est même esclave car il ne comprend pas qu'il se soumet à autre que lui. A l'inverse, l'homme qui est mené par la raison est libre, car il « ne se prête à personne qu'à soi, et ne fait que les choses qu'il sait être premières dans la vie, et que, pour cette raison, il désire au plus haut degré. » (E4P67S) Pour Spinoza, « il n'y a pas de vie rationnelle sans intelligence » (E4A ch V) et les choses bonnes sont celles qui « aident l'homme à jouir de la vie de l'esprit » Il agit donc pour son utile propre, mais ce faisant il agit pour le bien commun (E4P37). En effet, c'est lorsque les hommes vivent sous la conduite de la raison qu'ils sont les plus utiles aux hommes. Partant, l'homme qui vit selon la raison s'efforcera d'aider les autres à en faire autant, car « seuls les hommes libres sont très reconnaissants les uns envers les autres » (E4P71) et s'efforcent de faire du bien. En revanche, ceux qui sont menés par des désirs aveugles, des désirs qui sont des passions en tant qu'ils sont subis car provenant de causes extérieures, ne peuvent avoir qu'une apparence de reconnaissance mutuelle, puisque leurs relations sont fondées sur la duperie, chacun ne cherchant que son avantage propre, sans comprendre qu'il se leurre à ce propos.

La liberté de Spinoza est certes intellectuelle, puisqu'elle est compréhension de soi, mais elle exige certaines conditions, précisément parce que l'esprit et le corps ne sont qu'une seule et même chose. La liberté de Spinoza ne se conçoit pas sans une liberté avec l'autre, c'est-à-dire sans

[33] « qui est mené par la crainte, et fait le bien pour éviter le mal, n'est pas mené par la raison. » (E4P63).

une société d'hommes libres. Ainsi, Justice, Équité, Honnêteté, Charité et Droiture, qui sont les vertus fondamentales de l'homme libre, sont précisément des vertus sociales.

Nous sommes aujourd'hui encore bien loin de cette libération dont parle Spinoza. Est-ce parce que nous n'avons pas su ou pas pu nous délivrer de ces désirs qui découlent de causes extérieures à nous-mêmes, c'est-à-dire de ces sentiments qui s'enracinent en nous par fixation imaginaire de ces désirs ?[34] Sommes-nous condamnés à cette dépendance ? La psychanalyse, bien après Spinoza, reviendra sur ce terrain avec de nouveaux concepts, mais qui au fond ne font que renouveler ceux de Spinoza, sans réellement inventer quelque chose de radicalement nouveau, comme nous le verrons dans la dernière partie de ce livre.

Bilan intermédiaire

Nous savons maintenant que la compréhension du mécanisme des affects nous permet de mieux nous comprendre nous-mêmes. Comme nous l'avons vu, les phénomènes de mimétisme et d'identification, par contagion des affects, représentent le point de départ du lien social – un lien qui à la fois nous est nécessaire et qui, en même temps nous assujettit. Nous n'avons donc pas affaire ici à un utilitarisme, mais à un enchaînement naturel des passions. Le sujet est d'abord passionnel. Ainsi, les hommes se connaissent d'abord à travers les affections de leur corps et les idées qu'ils s'en font, affections qui sont dues aux actions des choses extérieures et des autres. En effet, nous ne sommes jamais seuls : « notre rapport au monde est médiatisé par notre rapport à autrui »[35] et l'être humain est ce qui nous est

[34] L'aliénation propre à la « société de consommation » telle que l'avait analysée Herbert Marcuse entrerait évidemment dans cette catégorie.
[35] Matheron, 1988, p.282.

le moins étranger. La base de notre connaissance des autres est donc d'abord l'imagination, laquelle nous fournit une image tronquée de la réalité sociale. En effet, nous prenons les causes extérieures de nos affects pour la réalité et nous les transformons en modèles, en valeurs objectives. Nous formons donc une connaissance inadéquate : « Tout cela montre assez que chacun a jugé des choses d'après la disposition de son cerveau, ou plutôt a pris pour les choses les affections de son imagination » (E1A). Une fois que nous avons compris qu'avec le premier genre de connaissance, nous sommes dans l'illusion, même si ce premier genre de connaissance est nécessaire, nous pouvons essayer d'y échapper, et nous pouvons alors passer à la connaissance adéquate. Pour cela, il nous faut déjouer essentiellement deux illusions : croire que nous sommes libres et penser qu'il existe une finalité dans la nature. Cependant, nous ne maîtrisons pas les causes extérieures, ni leur effet sur nous. Il nous faut donc entamer un travail de réflexion, de compréhension, passer d'une connaissance inadéquate à une connaissance adéquate. Cela est possible dans la mesure où un sentiment dont nous formons une idée claire et distincte devient actif : « Dans cette mesure, donc, ce sentiment se séparera de l'idée de la cause extérieure à laquelle notre imagination le rattachait : il s'associera à des pensées vraies (…) ; l'aliénation sera surmontée. »[36] Ce passage à la connaissance adéquate s'opère grâce à la raison, ce qui procure une véritable joie. En effet, si le propre du conatus est d'être en acte, toujours en train de produire l'existence de l'être, c'est-à-dire les conséquences de ce que l'on est, le passage à la raison permet le recentrement sur soi puisque grâce à elle on devient cause de ses actes. Or, lorsque nous comprenons les choses comme nécessaires, nous les subissons moins, notre passivité diminue à l'égard des choses de la

[36] Ibid., p.551.

nature et en particulier à l'égard des autres hommes et de nous-mêmes. A l'inverse, notre puissance d'exister augmente, puisqu'exister c'est comprendre et ce que nous comprenons c'est que toutes ces passions après lesquelles nous courions sont vaines. Et que donc toutes nos attitudes de soumission, qu'elles le soient vis-à-vis des pouvoirs politiques ou des instances religieuses, sont des erreurs liées à notre imagination et à notre méconnaissance, tant de nous-même que de la nature. En ce sens, encore une fois, la philosophie de Spinoza est performative, à sa lecture nous comprenons nos erreurs et nous sentons davantage exister.

De ce point de vue, donc, nous pouvons comprendre par quels mécanismes naturels se forment les croyances religieuses qui ne sont nullement des connaissances rationnelles mais des connaissances par l'imagination. Nous comprenons également en quoi elles sont aliénantes et finalement contraires à la véritable libération humaine.

Freud : la religion comme illusion

De Spinoza à Freud

Nous avons souligné plus haut la modernité de Spinoza. Nous pouvons réitérer ici ces constats. Tout d'abord, Spinoza anticipe Freud dans la manière d'expliquer ce que nous sommes et ce que nous faisons, c'est-à-dire que l'origine de nos actes et de nos pensées s'enracine dans les affects, c'est avec tout le corps que nous pensons et que nous interprétons le monde qui nous entoure. Cela implique alors que l'inconscient, c'est le corps : car « ce que peut le corps, personne jusqu'à présent ne l'a déterminé » (E3P2S). En ce sens, Freud, par le rôle fondamental qu'il accorde à la pulsion, suit bien Spinoza qui a fait du conatus l'affirmation de notre puissance d'exister – même si évidemment chez Spinoza n'existe pas à proprement parler un concept d'inconscient psychique. Freud le dit : ce qui nous pousse à vivre et à produire ce sont les pulsions de vie. Mais il existe encore nombre de points communs entre ces deux grands penseurs. Chez Spinoza, le sujet, si ce terme convient, n'est pas premier, il se constitue dans l'assujettissement de l'individu aux choses extérieures qui l'affectent et dans l'assujettissement aux autres hommes, en raison de la faiblesse essentielle de l'homme comparé aux choses extérieures. Cet assujettissement découle des nécessités de la préservation et du renforcement de son être et il s'insère toujours dans un tissu de relations humaines - d'êtres qui peuvent concorder en nature, qui cherchent l'approbation des autres, comme si chacun avait besoin d'être confirmé dans son être. C'est d'ailleurs pour cette raison que chacun voudrait que les autres vivent selon son propre naturel. À son tour, cet entrelacs de relations affectives produit ce tissu relationnel et le modifie. Et pour l'essentiel, ces processus ne sont pas intentionnels, ne dépendent pas du décret d'une conscience souveraine. Paradoxale, cette soumission aux affects, aux relations interpersonnelles, est en même temps le seul cadre à partir duquel pourrait être pensée une émancipation – « de la liberté de l'homme » : tel est bien le propos de la Cinquième partie de l'Éthique.

On retrouve très largement ce schéma général chez Freud. « Le Moi n'est pas le maître dans sa propre maison »[37] ! L'individu humain se constitue dans ses rapports avec les autres, ce qui suppose la domestication des pulsions et la formation du Surmoi, qui à leur tour permettent la vie commune. On pourrait d'ailleurs repérer dans les analyses freudiennes une mécanique des affects très semblable à celle de Spinoza. Donnons un seul exemple : la détresse infantile analysée par Freud. Selon lui, l'enfant d'humain se trouve durant un temps assez long dans un état d'impuissance physique et dans une dépendance affective[38], et sans soins et sans amour il ne peut grandir. Aussi craint-il l'abandon et le retrait d'amour. Cette crainte peut donner lieu à la honte, à la peur, mais aussi à la culpabilité : ne pas être à la hauteur de ce que les autres attendent, d'où la recherche de leur approbation, détour nécessaire pour parvenir à l'approbation de soi. Dans la « masse », cela peut mener à effectuer des actes « pour l'amour des autres »[39], pour leur être agréable. Ces faits « naturels » entraînent la formation durable d'attitudes et d'un certain nombre de traits de caractère qui perdurent pendant toute la vie de l'individu et expliquent de très nombreux comportements sociaux tels

[37] Freud, 1933, p.12.

[38] Freud, 1972, p.204.

[39] Ibid., p. 111.

que la soumission, le renoncement à soi, la courtisanerie, l'adhésion à une religion...

C'est pourquoi, Freud affirme « qu'*autrui* joue toujours dans la vie de l'individu le rôle d'un modèle, d'un objet, d'un associé ou d'un adversaire »[40] et que finalement la psychologie individuelle est toujours en même temps par certains aspects une psychologie sociale. Pour cela, il s'agit pour lui d'analyser la psychologie des foules et de voir dans quelle mesure l'individu se comporte différemment seul ou en groupe. Dans ce dernier, l'individu se « fond », perd sa délimitation individuelle par une sorte de « contagion affective »[41] et par l'interaction réciproque des individus les uns sur les autres : « c'est ainsi que la charge affective des individus s'intensifie par induction réciproque. On se trouve comme poussé et contraint à imiter les autres, à se mettre à l'unisson avec les autres »[42]. Ce phénomène de contagion, Spinoza nous l'a expliqué avec l'imitation et la combinatoire des affects qui nous font imaginer ce que les autres ressentent et désirent et : « De cela seul que nous imaginons que quelqu'un aime quelque chose, nous aimerons la même chose » (E3P31D) nous dit Spinoza, comme Freud affirme : « pour qu'une foule humaine forme une masse au sens psychologique du mot, il faut qu'il y ait entre les individus quelque chose de commun, il faut qu'ils s'intéressent tous au même objet, qu'ils éprouvent les mêmes sentiments en présence d'une situation donnée »[43].

Comme la contagion affective, l'identification va constituer un autre mécanisme qui permet d'expliquer l'attachement affectif à une autre personne. Ce mécanisme se met en place

[40] Ibid., p.83.

[41] Ibid., p. 130.

[42] Ibid., p. 102.

[43] Freud, 1972, p. 101.

aussi très tôt, puisque la première identification, ou identification primitive, s'effectue dès lors que le nourrisson est capable de reconnaître un humain, d'aspirer à être comme quelqu'un qui a forme humaine. Au fond, le moi est un autre comme un autre, il se fait sur le modèle d'un autre. Cette identification peut se faire avant tout « choix » d'objet. La seconde identification correspond au complexe d'Œdipe, lequel consiste à vouloir être comme le père, à vouloir être aimé de lui tout en désirant sa place. C'est cette identification secondaire qui permet la mise en place de cette instance morale que représente le Surmoi. Dans la masse intervient une troisième identification, une identification hystérique ou spectaculaire, qui gomme ce qui a été constitué lors de l'identification secondaire. Nous y reviendrons plus loin.

L'identification fonctionne comme la contagion : plus il existera de traits communs avec une personne ou un groupe, plus l'identification sera possible et sera forte ou complète, par le fait d'une forme de processus naturel d'« assimilation des sentiments d'autrui »[44]. La conséquence de cette identification est que l'on devient solidaire de la personne à laquelle on s'est identifié. Contagion affective et identification fonctionnent parfaitement tant qu'il n'y a aucune mise à distance, tant qu'il n'y a aucune reprise réflexive. On pourrait évoquer les phénomènes de transes collectives que l'on trouve dans presque toutes les religions, les hallucinations comme celles qui entourent la Vierge de Fatima, le cas du djihadisme est peut-être encore plus frappant : les djihadistes sont comme en fusion entre eux. Si tel n'était pas le cas, ils ne seraient pas en mesure de commettre toutes les atrocités dont ils font preuve. Dans la contagion affective et l'identification, l'individu est comme noyé, il ne s'appartient plus, il est aliéné.

[44] Ibid., p. 130.

Psychologie des masses

Par l'intermédiaire des affects, nous avons des relations de l'ordre de l'imaginaire, de l'illusoire, mais si nous les recherchons c'est parce qu'elles nous permettent de moins souffrir, d'être moins seul, d'autant qu'un affect séparé d'une représentation est un affect « flottant » qui provoque de l'angoisse. Freud va plus loin encore en expliquant que la masse « pense en images », c'est donc ici l'imaginaire qui prend complètement le dessus. Le réel est donc de fait nié et alors « tout est possible ». Encore une fois, il est difficile d'éviter le rapprochement avec Spinoza. En effet, ce dernier explique clairement dans la partie III de l'*Éthique* que le premier genre de connaissance est l'imagination, dans la mesure où nous prenons pour la réalité les représentations et donc les images de la réalité sur nous. Cependant, Freud dit que si l'individu isolé est mené par son intérêt, dans la masse il peut se dévouer à un idéal commun et donc dans une certaine mesure se moraliser. Mais pris dans la masse, il est comme un autre et la proie d'un imaginaire qui n'est plus le sien, mais qui est commun à toute la masse en question, tout en étant fantasmatique. L'individu se situe alors sur une scène fantasmatique qu'il partage avec d'autres et c'est pourquoi il peut se retrouver avec eux.

Pour Freud, il s'agit de comprendre ce qui fait lien entre les hommes et ce qui fait lien dans la masse. Selon lui, c'est l'amour, concept peu usité par les sciences sociales. Mais on peut effectivement comprendre cela comme ce désir qui habite l'être humain de revenir à un état où le conflit n'existe pas, car la distance n'existe pas. Et on peut ajouter ici que non seulement on comprend pourquoi c'est l'imaginaire qui prend le pas sur le symbolique qui est coupure, mais aussi comment on revient ici au réel, à la « bonne mère », au sentiment de sécurité, de fusion contraire à celui de la séparation. Aussi, les individus dans la masse sont-ils liés horizontalement entre eux par ce lien d'amour, mais sont également liés verticalement de cette manière au meneur. Les liaisons libidinales seraient à l'origine de la formation de la masse et se mettraient en œuvre par le processus d'identification qui relève du phantasme, que nous avons évoqué plus haut. Elle est en effet illusoire car elle n'est que le fruit de l'imagination, c'est-à-dire l'effet de la réalité sur nous, ou encore les idées des affects que nous nous faisons en les prenant pour la réalité elle-même. Pourtant cela fonctionne, et plutôt bien. Freud explique cela par la même illusion qui consiste à croire qu'il y existe un amour, un attachement entre les individus, comme un ciment affectif, et cet attachement a d'autant plus de force lorsque le groupe est fédéré par un chef qui est censé aimer d'un même amour tous les membres de ce groupe et qui entraîne l'amour réciproque entre les membres, puisqu'ils sont égaux et associés autour d'un même chef et ont le même objet de désir. Ainsi ceux qui ne font pas partie du groupe sont haïs et rejetés, comme on peut le constater avec nombre de religions dont le principe est de convertir ou de tuer. En revanche, au sein du groupe l'égoïsme peut se transformer en altruisme : « Et dans le développement de l'humanité, comme dans celui de l'individu, c'est l'amour qui s'est révélé le principal, sinon le seul facteur de civilisation, en déterminant le passage de l'égoïsme à l'altruisme. »[45] Toutefois, nous sommes encore ici dans la passion, dans la passivité et dans l'illusion de la croyance au salut dans la personne du chef ou de Dieu. On retrouve à la fois l'espérance et la crainte : espérance d'une puissance sans limites et crainte de la perdre, le groupe faisant la force. Cela peut alors expliquer la soumission au travers de la docilité, de l'assentiment, du consentement qui pourraient expliquer comment des millions de personnes peuvent être

[45] Freud, 1972, p.124.

moins puissantes qu'une seule et accepter la servitude. Ainsi, la domination serait quelque chose qui se joue dans le lien, lequel est premier, avant la constitution même du sujet. Donc la soumission ne constitue pas un phénomène extrinsèque à l'individu (adhésion à une idéologie, à une croyance, par lâcheté ou facilité…), mais elle participe de la constitution même du sujet. C'est pourquoi elle se révèle extrêmement difficile à cerner et à extirper. Les meilleures intentions libératrices s'y heurtent et reconstruisent presqu'immanquablement les structures de domination, à l'instar des organisations révolutionnaires qui finissent par vénérer « le petit père des peuples » ou toute autre figure paternelle.

Le sentiment paradoxal de toute-puissance

Aussi, dans la foule, l'individu peut éprouver un sentiment de toute-puissance tout en suivant un leader, car « une foule primaire se présente comme une réunion d'individus ayant tous remplacé leur idéal du moi par le même objet[46], ce qui a eu pour conséquence l'identification de leur propre moi. »[47] . Ainsi, tous les « moi » et leur idéal du moi fusionnent, selon Freud, dans un élément commun X, un leader grâce auquel les individus s'identifient les uns aux autres. Cependant en réalité, ce qui fait masse, ce n'est pas une personnalité, mais un X qui rassure. Ce phénomène de fusion imaginaire produit une satisfaction libidinale et fait que l'individu abandonne son idéal du moi pour lui substituer un idéal du moi incarné par le leader, ce qui représente une opération régressive puisque l'individu revient à un état où il n'est pas séparé, où il n'est pas sujet. C'est pourquoi, les liens affectifs expliquent-ils le manque d'indépendance et

[46] Le fameux objet extérieur X.

[47] Freud, 1972, p. 140.

d'initiative d'un individu dans une foule. Mais plus encore, dans la foule l'esprit critique, la rationalité, la conscience morale ont disparu, remplacés par quelques images de puissance, incarnées parfois par un leader. Ce sentiment de puissance peut être renforcé du fait que lorsque l'on est seul, on se sent « incomplet »[48], c'est pourquoi nous avons tendance à nous regrouper. Dans le groupe, nous éprouvons non seulement un sentiment de puissance, mais aussi un sentiment d'impunité et « on devient criminel sans remords »[49], car le leader évoque pour l'individu ordinaire la toute-puissance : il a ce que l'on n'a pas, il montre ce que l'on souhaiterait être, c'est pourquoi il suscite dévotion et admiration. Mais étant ce que l'on n'est pas, les choses peuvent se retourner contre lui. Certes, comme les enfants, nous exigeons la justice et l'égalité : que personne n'ait ce que je ne peux avoir, que tous sacrifient ce que j'ai aussi sacrifié. Freud note que : « le sentiment social repose ainsi sur la transformation d'un sentiment primitif hostile en un attachement positif qui n'est, au fond, qu'une identification. »[50] Cette revendication d'égalité s'applique aux membres de la foule, non au chef qui domine et repose sur l'illusion d'un chef aimant tous ses subordonnés d'un même amour. Mais rien n'empêche que ce sentiment d'attachement fasse un chemin inverse et ne redevienne très hostile.

Spinoza savait ce qu'une foule peut faire, il en a été d'une certaine façon témoin lors de l'assassinat des frères de Witt en 1672. On devrait plutôt dire lors du massacre des frères de Witt par une foule déchaînée, et qu'Alexandre Dumas a narré dans *La tulipe noire*. Que faut-il comprendre ? Les frères de Witt avaient plutôt la réputation de personnages justes et intègres, ne cherchant pas à soumettre, ni à

[48] Ibid., p. 144.
[49] Ibid., p. 137.
[50] Ibid., p. 147.

humilier le peuple. Jan de Witt avait même été le précepteur de Guillaume III d'Orange, qui a fait arrêter les deux frères et souhaitait les supprimer. Pourquoi ne supporte-t-on pas que les autres soient meilleurs que nous, soient plus libres que nous ? Pourquoi sommes-nous si satisfaits d'être esclaves et prêts à nous battre pour le rester ? Sans doute parce que c'est difficile d'être un homme, parce que c'est difficile d'être libre. Il est plus facile de s'oublier pour ne pas avoir à être soi, d'être inutile à soi-même, comme le dirait Spinoza. « Le meneur incarne toujours le père primitif tant redouté, la foule veut toujours être dominée par une puissance illimitée, elle est au plus haut degré avide d'autorité ou, pour nous servir de l'expression de M. Le Bon, elle a soif de soumission. »[51] nous dit Freud, nous recherchons sans cesse une protection. Spinoza ajouterait que c'est parce que nous sommes naturellement en proie à nos affects et à notre imagination. Pourtant, ravir la liberté de l'autre en le tuant violemment ne donne pas davantage de liberté mais enferme au contraire dans la servitude des affects. Nous sommes en droit de penser que Spinoza s'est posé le problème de l'existence et de la prépondérance de la soumission parmi les humains du fait, entre autres, de ce dont il a été témoin de son vivant. « *Ultimi barbarorum* », quand il se prépare à placarder une affiche qui commence par ces mots, Spinoza ne s'en prend pas aux faits, mais à ceux qui les ont rendus possibles et qui étaient conscients de leurs actes « qui, en donnant la mort, reconnaissent au grand jour que leur être dépend de leurs victimes, que leur liberté dépend de la mort des autres. Curieuse attitude puisqu'autrui n'est plus là pour attester cette liberté. Servitude d'hommes, donc, doublement écrasés par leurs pulsions et les circonstances d'une part, par l'illusion selon

[51] Ibid., p. 156.

laquelle la mort violente de l'autre dégage un espace de liberté d'autre part. »[52], mais en même temps cet « *ultimi barbarorum* » atteste que « chacun est capable de s'ouvrir à l'intelligence des choses, d'entretenir des rapports actifs au monde, d'instituer des relations pacifiques avec autrui. Bref, de penser et agir par soi-même, donc de vivre sous sa propre gouverne »[53] et donc d'échapper à la soumission.

La question de la religion

Venons-en maintenant plus précisément à la religion. Pour Spinoza, la religion est une illusion « naturelle » (nous naissons ignorants des causes de choses) mais entretenue par les puissants pour pouvoir continuer à dominer et à maintenir les hommes dans la servitude, c'est une superstition. Il en a expliqué les mécanismes, dont le principal est activé par la crainte. Sans parler d'Inconscient, il met en évidence les ressorts qui nous animent sans que nous en ayons conscience. Nous avons vu dans la préface du *Traité théologico-politique* que Spinoza donne une explication de la superstition : comme ils ne peuvent prévoir l'avenir, et qu'en plus ils sont animés d'importants désirs qu'ils sont dans l'impossibilité de satisfaire facilement, les hommes, pour échapper à l'incertitude et à l'insatisfaction mais aussi à l'angoisse, ont tendance à adhérer facilement, non pas à la réalité, mais à ce qu'ils ont envie de croire, grâce à leur imagination, connaissance du premier genre. Mais l'homme se fourvoie, car l'imagination se base uniquement sur la perception et sur les passions, c'est-à-dire ce qui nous vient du corps et que nous subissons complètement dans la confusion. L'imagination est donc source d'illusion : elle nous fait croire que les choses sont comme elles nous affectent, nous

[52] Billecoq, 1997, p. 56-57.
[53] Ibid., p. 66.

fait confondre la réalité et l'effet de la réalité sur nous. C'est exactement la définition de l'illusion. Celle-ci est due à la manière dont nous recevons, percevons les choses, et non aux choses en elles-mêmes. L'illusion n'est pas l'erreur laquelle est un défaut de savoir. Elle n'est pas non plus le mensonge qui est un déni volontaire du vrai. Dans l'illusion, la volonté n'intervient pas. Elle nous affecte en quelque sorte malgré nous. La superstition fonctionne de la même façon, elle confond réalité et effet de la réalité sur nous. Ainsi, la superstition est une conséquence de notre psychologie : nous préférons l'illusion qui nous réconforte, plutôt que la vérité qui peut nous rendre malheureux. C'est donc l'incertitude et l'angoisse qui prédisposent à croire n'importe quoi. Inversement, la certitude nous ferme à tout questionnement et nous enferme dans l'arrogance. Celui qui est sûr de lui, par définition, ne doute pas.

Plus précisément encore, Spinoza a expliqué comment nous formons l'idée de Dieu, et nous pourrons constater que Freud raisonne de la même manière. Ainsi, selon Spinoza, nous projetons nos qualités dans un être supérieur qui aurait fait le monde pour nous. Cet anthropomorphisme va même jusqu'à croire que nous pouvons influencer Dieu par nos offrandes et nos prières, que nous pouvons en fait négocier avec lui pour qu'il nous protège. Aussi avec l'idée de finalité reprise par la scolastique, les croyants « ne montrèrent rien d'autre, semble-t-il sinon que la nature et les Dieux délirent tout autant que les hommes. » (E1, appendice)

Avec sa théorie des affects, (crainte, espérance, haine, colère, … qui déforment la réalité au moyen de l'imagination) Spinoza anticipe donc en quelque sorte la théorie freudienne des pulsions et l'analyse que Freud fera de la religion, qualifiée également d'illusion. En effet de la même manière que Spinoza dénonce la superstition et la qualifie de délire, Freud dénonce la religion comme illusion consolatrice et délirante. Selon lui, les hommes pour se rassurer, pour se sentir protégés (on retrouve ici la crainte et l'espoir) ont inventé les Dieux ou Dieu et ont oublié ensuite qu'eux-mêmes les avaient inventés[54], comme Spinoza affirme que nous transformons nos affects en valeurs objectives.

L'avenir d'une illusion est un ouvrage qui date de 1927 et qui se propose d'analyser le fait religieux d'un point de vue psychanalytique. Autant le point de départ de Freud, et donc de la psychanalyse avait pour vocation la thérapeutique, autant la psychanalyse s'avérera un outil précieux pour les sciences sociales, un moyen d'élucidation de ce qu'est l'être humain en tant qu'être social. Plus exactement, il constate que l'être humain est par définition un être social. En effet, si le point de départ de la psychanalyse a pour objectif de soigner le sujet en travaillant à sa compréhension, Freud montre que le sujet ne se comprend que dans son rapport aux autres, car il ne peut se constituer comme sujet que grâce aux autres. Sans les autres nous ne pouvons nous humaniser : ce sont eux qui nous apprennent à nous tenir debout, qui nous apprennent à parler, qui nous enseignent les moyens et les règles de la vie commune, bref ce sont les autres qui nous permettent d'entrer dans la culture. Freud n'est pas le premier à avoir compris cet immense enjeu. Comme nous l'avons montré, Spinoza avait déjà mis en évidence dans l'*Éthique*, et en particulier dans la troisième partie, que les hommes ne sont hommes qu'ensemble, qu'ils se construisent par *mimesis* réciproque. De la même manière, chez Spinoza, on trouve l'idée que les affects sont premiers et que la compréhension du monde exige d'abord la compréhension de soi, c'est-à-dire la manière dont nous sentons, pensons et agissons, nous les humains et comment

[54] Freud, 2011.

nous « recevons » le monde. Il s'agit donc pour Spinoza d'échapper à la soumission à nos affects par leur compréhension, qui n'est autre qu'une mise à distance, comme on le fait lors d'une analyse. Ainsi, en comprenant la manière dont nos affects procèdent, nous pouvons faire la distinction entre la réalité telle qu'elle est et la manière justement dont elle nous affecte. Et nous pouvons donc en quelque sorte davantage la maîtriser. Il s'agit bien comme le dit Christian Jambet, de comprendre (cf. supra) : « [les] représentations imaginaires de notre désir », et dont il faut, si possible, nous défaire. Aussi, comme Spinoza, Freud cherche, au-delà de la thérapie, l'origine de la maîtrise sociale et de la soumission. La réflexion de Freud mène ainsi à une théorie de la civilisation, par laquelle il s'agit de comprendre l'homme dans ses relations aux autres mais aussi à lui-même. En effet, à partir de cette compréhension du rôle fondamental de l'autre dans l'humanisation de chacun d'entre nous, Freud étend la psychanalyse à la compréhension des interactions entre sujets. Aussi, Freud va-t-il construire en même temps une psychologie sociale, qui va nous donner également des clés explicatives de ce drôle d'être vivant qu'est l'être humain. Son premier ouvrage portant sur celle-ci : *Totem et tabou* paraîtra en 1913, donc relativement tôt dans le cadre de sa démarche. Viendront ensuite *L'avenir d'une illusion (1927), Malaise dans la civilisation (1930), Psychologie des masses et analyse du moi (1931)* et *Moïse et le Monothéisme (1939).* Comme on peut le constater, sur ces cinq ouvrages trois sont consacrés à la religion, c'est dire le souci que Freud en avait, peut-être même l'inquiétude. En effet, avec ces ouvrages, qui n'ont pas manqué de choquer, on s'en doute bien, croyants, théologiens, anthropologues et même certains psychanalystes, Freud s'est attaqué à ce qui l'avait hanté toute sa vie : l'origine des religions et leur degré de vérité tant pour la psychologie de l'individu que pour l'histoire de l'humanité.

Totem et tabou (1913)

Globalement, ce que cherche à comprendre *Totem et tabou,* c'est l'origine de la religion, et à montrer que l'homme primitif est encore en nous.

Freud dans cet ouvrage s'intéresse à la véritable phobie de l'inceste chez les peuples « primitifs ». Pour répondre à cette préoccupation, Il analyse les sociétés dites « primitives », plus proches de ce qu'étaient les débuts de l'humanité. Ces sociétés n'ont pas de religion en tant que telle, mais pratiquent le totémisme. En effet, chaque tribu a un totem, animal ou végétal, qui serait l'ancêtre et l'origine de la tribu et qu'il est alors interdit de manger. Il relie alors le totémisme à la prohibition de l'inceste et à l'impératif d'exogamie. En effet, les membres d'un même totem n'ont pas le droit d'avoir de relations sexuelles entre eux, d'où la nécessité de prendre femme dans une autre tribu, ce que l'on appelle l'exogamie, laquelle entraîne de fait la prohibition de l'inceste (ou est-ce l'interdit de l'inceste qui entraîne l'exogamie ? On peut légitimement se poser la question.).

Il s'intéresse ensuite au tabou. Ce dernier est comme le sacré. Si l'on se réfère à ce que l'on vient de voir, pour les hommes modernes sont tabou le meurtre (interdit de manger le totem) et l'inceste. Freud compare l'interdit de tuer le chef à l'interdit de tuer le père et met en évidence l'ambivalence des sentiments : demande d'amour et de protection envers le père d'une part et désir de prendre sa place d'autre part. Ce qui nous renvoie au complexe d'Œdipe. Lorsque celui-ci est « mal » intégré, il provoque la névrose, d'où l'analogie faite par Freud entre la névrose et la « maladie du tabou » :

« Celui qui abordera le problème du tabou, armé des données de la psychanalyse, c'est-à-dire des données fournies par l'examen de la partie inconsciente de notre vie psychique, s'apercevra, après une courte réflexion, que les phénomènes dont il s'agit ne lui sont pas inconnus. Il connaît des personnes qui se sont créé elles-mêmes des prohibitions tabou individuelles, prohibitions qu'elles observent aussi rigoureusement que le sauvage obéit aux prohibitions communes à sa tribu ou à sa société. Si notre psychanalyste n'était pas habitué à désigner ces personnes sous le nom de malades atteints d'une névrose obsessionnelle, il trouverait que le nom de « Maladie du tabou » convient très bien pour caractériser leur état. Les recherches psychanalytiques lui ont appris tant de choses sur cette maladie obsessionnelle, sur son étiologie clinique et sur les éléments essentiels de son mécanisme psychologique qu'il ne pourra pas résister à la tentation d'appliquer aux phénomènes correspondants de la psychologie collective les données qu'il a acquises dans le domaine de la psychanalyse. »[55].

De fait, Freud ne pourra pas s'en empêcher. Il s'attache ensuite à l'animisme, lequel consiste à accorder une puissance d'action à tous les êtres naturels. L'animisme révèle une conception magique du monde, non une conception réaliste, comme si les idées avaient une toute puissance. Or le narcissisme est le stade où l'enfant se croit tout puissant et qu'il lui suffit de dire pour que les choses soient comme il les souhaite. Freud dénombre ainsi trois stades de l'humanité en phase avec les trois moments de la construction de l'individu. Le narcissisme renvoie alors à l'animisme, la fixation de la libido sur les parents à la conception religieuse du monde (l'amour et la crainte des parents protecteurs) et le renoncement au principe de plaisir pour faire place au principe de réalité à la conception scientifique du monde.

[55] Freud, 1965, p.48.

Enfin, Freud reprend à Darwin l'idée de la *horde primitive*, idée selon laquelle le père était tout puissant et avait seul accès aux femmes. Les fils auraient alors tué le père et l'auraient mangé. Toutefois, ils se seraient repentis et auraient décidé d'instaurer des règles : interdiction de manger le totem, qui correspond à l'interdit du meurtre et interdiction d'avoir des relations avec les femmes du même clan, lequel renvoie à l'interdit de l'inceste. On peut faire le parallèle avec Œdipe et son complexe : meurtre du père, parce qu'il interdit le désir envers la mère, et mariage avec la mère, complexe qu'il faut évidemment dépasser, et ne pas réaliser, pour parachever notre humanisation. On pourrait aussi ajouter l'interdiction de l'anthropophagie (interdit de consommer le père). Et on a là les trois interdits primordiaux que l'on trouve dans toute société humaine. De plus, ils auraient alors décidé de marquer l'expiation de leur faute en décidant d'ériger un totem en son honneur et de commémorer cet événement pour ne pas le reproduire : nous avons ici ce qui caractérise toute religion : un mythe fondateur et des rites.

Moïse et le monothéisme (1939, dernier ouvrage de Freud)

Examinons maintenant brièvement le troisième ouvrage de Freud consacré à la religion. Commençons par résumer rapidement le propos. Freud émet l'hypothèse que Moïse n'aurait pas été juif, mais égyptien de haute naissance (et non pas enfant juif recueilli par des égyptiens). Il aurait donné aux juifs une nouvelle religion, une religion monothéiste, c'est-à-dire avec un Dieu unique dont on ne peut prononcer le nom et que l'on ne peut représenter. Mais celle-ci aurait eu pour origine un premier épisode monothéiste, le culte d'Aton, Dieu unique et universel, sous le règne du pharaon Amenhotep IV (ou Akhenaton) vivant au XIVe siècle avant JC et sous le règne duquel Moïse aurait vécu. Ainsi si Moïse était égyptien, il aurait purement et simplement transmis aux Juifs sa religion, celle d'Akhenaton. Pour accentuer encore la ressemblance avec le Judaïsme, Freud précise que la circoncision est une pratique égyptienne visant à distinguer le peuple égyptien des autres peuples. Fort de tout ceci, Freud affirme que si Moïse avait été réellement juif, il n'aurait pas enseigné les pratiques égyptiennes mais aurait tenté de les faire oublier. Quand Akhenaton est mort, sa religion s'est effondrée et Moïse aurait voulu fonder un nouvel empire qui aurait préservé cette religion. Pour cela, il a provoqué l'exode. Enfin, Il est dit dans la Bible que Moïse semblait parler différemment, ce qui conforte Freud dans l'idée que Moïse n'était pas juif. Les Juifs auraient assassiné ce premier Moïse et sa religion aurait été abandonnée. Un deuxième Moïse apparaît un siècle plus tard, qui est pâtre à Quadès et auquel Jahvé, nouveau Dieu, se manifeste. Une nouvelle religion apparaît alors, celle de Jahvé. Le temps entre l'exode et la nouvelle religion fut nié, la dette envers le premier Moïse fut transférée à Quadès et se confondit avec le pâtre qui fonda la nouvelle religion. Au début, Jahvé apparaissait comme un dieu sanguinaire, alors que le Dieu du premier Moïse était amour, vérité et justice. Peu à peu Jahvé ressembla de plus en plus à l'ancien Dieu du premier Moïse.

Pourquoi relater tout ceci ? Freud veut montrer que la première religion fut refoulée à la suite du meurtre du premier Moïse (un meurtre du père). De cela, il tire l'idée que la religion représente une névrose humaine, car les phénomènes religieux sont comparables aux symptômes névrotiques individuels, notamment le traumatisme précoce, le refoulement et la répétition compulsive, c'est-à-dire la séparation d'avec la mère/le sentiment d'abandon, le refoulement du désir pour la mère et les symptômes substitutifs que l'on peut comparer aux rites.

Nous intéresse ici l'idée du meurtre du père. Dans *Totem et tabou*, Freud était parti de l'idée de la horde primitive qui avait fini par assassiner le père pour prendre sa place. La culpabilité de cet acte avait entraîné le tabou du meurtre et celui de l'inceste. Avec le Judaïsme, selon Freud, on a un retour à un Dieu père omnipotent dont on espère qu'il nous distinguera. Avec le Christianisme, on assiste au retour du refoulé. Les juifs ont voulu oublier, refouler, le meurtre du père, le Christ vient le racheter et c'est en cela que le refoulé fait retour.

Par ailleurs, pour que la religion ait autant de force, pour qu'elle puisse autant contraindre les masses, elle n'a pu seulement être transmise oralement, mais a laissé des traces mnésiques transmises par l'hérédité. Et cela s'explique par le fait que la plupart des humains ont besoin d'une autorité à admirer et par qui être dominés, c'est tellement plus rassurant d'avoir des comptes à rendre. Jung introduira également cette notion d'*Inconscient collectif*[56], qui représente un ensemble d'archétypes et de pulsions transmises héréditairement et dont les contenus sont universels. Notre Inconscient contiendrait ainsi des images ancestrales, qui s'expriment à travers les mythes, les œuvres d'art, les croyances religieuses. Dans notre Inconscient résideraient donc à la fois les traces de nos conflits personnels, mais aussi les plus lointaines angoisses humaines. En ce sens, Jung ne contredit pas vraiment Freud. Ce besoin commun d'une autorité naîtrait de l'attirance envers le père, source à la fois d'admiration et de crainte.

Enfin, le fait d'interdire la représentation de Dieu, c'est renoncer aux sens et valoriser l'abstraction et donc l'esprit. C'est plus clairement renoncer aux pulsions du Ça pour les sublimer. La boucle est bouclée : honorer le père, le

[56]Jung, *L'énergie psychique*, Livre de Poche, 1996.

craindre car il exige le renoncement aux pulsions par l'interdit du désir de la mère, et on peut transposer cela à la religion : honorer Dieu, le craindre car il peut nous punir. Refouler sur le plan individuel, comme pratiquer une religion, révèle la névrose : on retrouve sur les deux plans le refoulement et le sentiment de culpabilité, ainsi que les symptômes névrotiques comme les actes compulsifs et rites par exemple.

L'avenir d'une illusion

Freud n'est pas le premier à affirmer que ce sont les hommes qui ont créé l'idée de Dieu et qui ont décidé de se soumettre à cette idée issue de leur esprit. Nous l'avons dit, Spinoza l'avait déjà énoncé mais aussi Feuerbach (dont *L'essence du christianisme* publié en 1841 fit date). Mais Freud va donner des fondements psychiques inconscients à cette idée, fondements inconscients qui expliqueraient peut-être encore plus cette dépendance immense. Si Spinoza avait bien compris ces fondements psychiques, il lui manquait la notion d'inconscient pour étayer son explication. *L'avenir d'une illusion* commence par une définition de la civilisation et explique pourquoi et comment elle s'est constituée, et comment elle perdure. À partir de cette définition Freud examine les fonctions de la religion et analyse comment s'effectue le passage de dieux de la nature au dieu impersonnel des religions monothéistes, passage construit par analogie avec le passage de l'attachement à la mère à l'attachement au père. Ensuite Freud « démontre » que les dogmes religieux, au regard de la raison, n'ont aucune valeur. Pour cela, Freud définit l'illusion et montre en quoi la religion en est une et qu'elle n'a aucune efficience : elle ne rend pas meilleur, ni plus heureux et pour cela tend à disparaître dans un monde dominé par la maîtrise rationnelle de la nature. Il va même plus loin en disant que mettre en évidence les fondements rationnels de la morale rendrait celle-ci plus efficace. Il s'agit de sortir de la névrose infantile ! Ainsi selon Freud, c'est la science qui peut nous sortir à la fois de l'infantilisme et de la religion, lesquelles ne sont qu'une seule et même chose.

Freud commence donc d'abord par évoquer la notion de *civilisation* en s'interrogeant sur la destinée des civilisations, en particulier sur celle de la civilisation européenne. En effet, on peut chercher à comprendre l'origine de sa civilisation pour comprendre tout simplement qui l'on est. On peut aussi s'interroger sur la manière dont va évoluer cette civilisation. Toutefois, Freud nous met en garde contre deux écueils : le manque de savoir et l'emprise nécessairement subjective de l'analyse que l'on peut faire de sa propre civilisation. En effet, comment se mettre objectivement à distance de sa propre civilisation ? Nous verrons que nous sommes faits, non pas seulement « par » mais aussi « dans » notre civilisation et non seulement elle est une partie de nous-même mais nous sommes aussi une partie d'elle, ainsi nous ne pouvons-nous mettre objectivement à distance de nous-même. Dans les deux cas, on ne peut se séparer complètement de soi. C'est pourquoi, il faut du temps et du recul pour analyser (troisième condition énoncée par Freud) sa propre culture et envisager quel avenir elle peut avoir. C'est la même chose sur le plan de l'individu : pour pouvoir se projeter dans l'avenir, il faut avoir des assises ancrées dans le présent et dans le passé. On sait bien que cela est nécessaire à la construction du sujet.

Freud ne distingue pas le terme de civilisation de celui de culture (c'est pourquoi on trouve les deux traductions : *Malaise dans la culture* ou *Malaise dans la civilisation*). La civilisation ce serait l'état civil opposé à l'état de nature, ce serait ce que l'homme a créé de lui-même, c'est-à-dire ce qui n'existe pas sans l'existence humaine : les institutions, les règles, les savoirs, etc. Il assimile donc ce terme à celui de culture. La culture, c'est ce qui s'oppose à la nature, c'est ce qui nous sort de notre état naturel initial. La culture c'est l'artifice, c'est l'acquis, c'est le particulier, par opposition au naturel, à l'inné et à l'universel. On peut même dire que c'est ce qui nous *élève* à l'humanité. C'est pourquoi lorsque les enfants vont à l'école, on les appelle des élèves : on doit les élever, les sortir de leur état initial d'ignorance. On doit instituer en eux les savoirs et les règles de vie commune qui nous permettent de vivre, non pas seulement comme de simples animaux, mais comme des humains. C'est pourquoi on appelait les enseignants du primaire des *instituteurs*, qui avaient pour mission d'instituer les enfants dans l'humanité, c'est-à-dire de les faire tenir debout. C'est donc en ce sens que Freud prend le terme *culture* et l'assimile à celui de civilisation. En effet, en son sens courant, la civilisation c'est l'opposition à la nature (comme on parlait d'hommes civilisés et de *sauvages*, c'est-à-dire d'hommes plus proches de la nature). Cette distinction que ne fait pas Freud entre culture et civilisation va pourtant revenir plus loin.

Donc Freud précise bien ce qu'il entend par civilisation : la première dimension renvoie à la culture comme érudition, c'est celle qui concerne les savoirs et les techniques qui nous permettent d'expliquer et de transformer la nature en vue de notre survie. La seconde renvoie aux institutions, c'est-à-dire à ce que les hommes mettent en place pour organiser ensemble leur survie, et cela passe par l'organisation entre autres du travail. Cette organisation est bien culturelle, puisqu'elle n'est pas la même partout. Mais le fait d'organiser le travail, d'une manière ou d'une autre, existe dans tout groupe humain. Freud ajoute que ces deux aspects de la culture sont interdépendants. En effet, pour survivre, les hommes doivent travailler, c'est-à-dire doivent transformer la nature afin de produire des biens d'usage et des produits consommables. Ils pourront d'autant plus satisfaire leurs besoins qu'ils seront organisés pour les satisfaire et pourront donc vivre dans une situation de relative paix. En effet plus les hommes travaillent et sont à même de satisfaire leurs besoins, moins ils s'entre-tuent car il y a moins de rareté. Pour cela, ils doivent être capables justement de vivre ensemble et cela n'est possible que par la mise en place de règles communes (contrat de travail, mariage, etc.). Un humain isolé est très vulnérable, il a besoin de ses semblables pour survivre, ne serait-ce déjà que pour grandir. C'est ce que veut dire Freud en affirmant que « les êtres humains, tout incapables qu'ils sont de vivre en individus, »[57].

La civilisation, nécessité et contrainte

Donc pour vivre, les hommes ont besoin les uns des autres, mais cela signifie qu'ils doivent renoncer à certains de leurs désirs pour respecter les règles du groupe. Et la mise en place de règles est d'autant plus cruciale que les hommes ont du mal à supporter la frustration. Ils doivent donc refouler leurs pulsions : on ne peut pas faire tout et n'importe quoi, n'importe où, n'importe quand, etc. La socialisation a un lourd coût, il faut que l'individu renonce à l'expression de toutes ses pulsions. Cependant, le refoulé ne disparaît pas, car la pulsion est indestructible, mais il est « désactivé », peut-être seulement momentanément.

Comme l'homme est un être de désirs, animé par des pulsions inconscientes qu'il ne maîtrise pas et comme il a besoin des autres pour survivre, la civilisation doit donc être doublement protégée. Ainsi, les institutions ne visent pas qu'à répartir les biens produits pour survivre, mais elles permettent la vie commune qui permet l'organisation de la production des biens nécessaires, ou non d'ailleurs, à la vie. C'est pourquoi les hommes ont inventé des techniques,

[57] Freud, 2011, p.39.

élaboré des savoirs, qu'ils se sont transmis, culturellement donc et par diverses institutions, afin de survivre et d'améliorer aussi quasiment continuellement leurs conditions de survie et de vie. Freud note que les hommes sont capables d'utiliser leurs savoirs et leurs techniques pour les détruire. La guerre, par exemple, est une illustration de cette idée : on construit des armes qui vont détruire ce qui a permis de les construire. On détruit, au moyen d'armes fabriquées grâce à la civilisation, les monuments culturels qui ont permis aux civilisations de progresser. En quelque sorte, être « civilisé », c'est donc aussi protéger les acquis de la civilisation.

Toutefois, Freud fait l'hypothèse que la civilisation est imposée, ou a été imposée, par une minorité à la majorité. Ceci, d'une certaine manière a été confirmé par Brian Hayden, ethno-archéologue américain contemporain dans *L'homme et l'inégalité : L'invention de la hiérarchie à la préhistoire* (éditions du CNRS, 2008). Dans cet ouvrage, il livre une brève synthèse à la question de l'inégalité en s'appuyant non sur des raisons théoriques mais sur des « documents » archéologiques ou ethnologiques. Alors qu'on associe généralement l'inégalité avec la sédentarisation et la révolution néolithique, Hayden montre qu'il faut remonter beaucoup plus loin en arrière et que l'existence d'une importante stratification est perceptible dès le paléolithique moyen, chez des groupes de chasseurs-cueilleurs. La seule condition d'apparition d'inégalités sociales est l'existence de surplus alimentaire suffisamment importants pour qu'un groupe restreint puisse convaincre ou contraindre le reste du groupe à travailler pour des productions de prestige à destination des chefs.

Par la même occasion, Hayden réfute les interprétations de l'origine de l'inégalité en termes de pression démographique, par exemple, ou les interprétations fonctionnalistes (l'inégalité profite au groupe et permet de maximiser les ressources). Il défend une interprétation politique de l'origine de l'inégalité : certains individus auraient la capacité d'imposer politiquement (par la capacité de convaincre et de tromper) un système social « transégalitaire ». Ces individus, Hayden les définit comme « triple A » : avides, agressifs, accumulateurs. Tant que le groupe est confiné dans les conditions de la survie immédiate, sans aucun surplus, les « triple A » ne peuvent s'imposer – à vouloir exploiter les autres, ils risquent tout simplement d'être tués. Mais dès lors que la nourriture est abondante, ils peuvent réussir à faire valoir leur point de vue et leurs intérêts et enclencher un mécanisme d'accumulation, dans lequel nous sommes encore ! Hayden fait l'hypothèse que 90% des problèmes graves de l'humanité seraient ainsi causés par 10% des individus.

Hayden, s'il donne des faits, ne s'étend pas beaucoup sur les raisons qui expliqueraient que la majorité d'un groupe puisse se laisser tromper et manipuler par des chefs. Il constate également que l'humanité a constamment progressé dans le domaine des sciences et des techniques, lesquelles ont permis une maîtrise toujours plus importante de la nature. Mais dans le même temps, il apparaît que l'humanité n'a pas réellement progressé sur le plan moral. C'est pourquoi, on peut se demander, selon Freud, s'il est raisonnable d'exiger des hommes autant de sacrifices, à savoir le renoncement à la satisfaction de leurs pulsions et leur soumission à quelques hommes dominants. Et il est également légitime de se demander aussi si une transformation sociale radicale, qui permettrait l'apparition d'une civilisation non répressive, n'est pas envisageable (les interlocuteurs implicites ici sont les marxistes). Toutefois, Freud assimile cette perspective à l'âge d'or qu'il juge tout bonnement utopique. Pour lui, la civilisation ne peut exister que dans et par le renoncement aux pulsions dont sont animés tous les humains.

Pour rappel, les pulsions obéissent au principe de plaisir et visent à la satisfaction, c'est-à-dire à la suppression de l'excitation. Or, les hommes doivent travailler pour survivre, ce qui n'est justement pas une partie de plaisir. La transformation de la nature suppose la capacité de différer la satisfaction des besoins, et aussi des désirs, ce qui est contradictoire avec l'exigence des pulsions. Donc s'il était laissé libre cours aux pulsions, ce serait l'extinction de l'espèce humaine ! Ce serait le triomphe des pulsions de mort, tant celles qui tendent à un retour à un état inanimé sans souffrance que celles qui visent à la destruction. Or, nous sommes animés aussi et simultanément par les pulsions de vie. Paradoxalement, ce sont sans doute celles-ci qui nous poussent à l'auto-frustration pour que notre survie soit possible !

Néanmoins l'instauration de la civilisation, au sens de la mise en place de règles et d'institutions, représente un coût élevé pour les individus puisqu'ils doivent non seulement renoncer à l'expression de leurs pulsions, mais pour la plupart d'entre eux ils n'ont fait que subir, sans décider, la mise en place de la civilisation. C'est pourquoi, on peut déceler chez tous les hommes, ou presque tous, une agressivité, une hostilité envers la civilisation. Mais dans le même temps, celle-ci permet la survie humaine (par l'organisation du travail et des règles pour vivre ensemble), et c'est pourquoi il est essentiel de chercher à la préserver.

Ainsi, s'il ne s'agissait que d'une organisation pratique, matérielle, mécanique même, comme on pourrait l'envisager avec des machines, sans sentiments donc, cela serait relativement aisé : il ne s'agirait que de décomposer les tâches pour recomposer des produits et répartir le tout sans acrimonie. Contre les marxistes (ses interlocuteurs implicites on l'a vu plus haut), Freud affirme que même si une répartition juste des fruits du travail existait, ce qui diminuerait l'envie et la haine contre les classes dirigeantes, on n'aurait pas pour autant réglé le problème psychologique ! Même si en général les hommes peuvent admettre la contrainte imposée par la civilisation, chacun cherche malgré tout à éviter le travail. De plus l'argument, qui explique que le travail est nécessaire à la survie et que pour cela il faut s'organiser et donc établir des règles, peut convaincre un individu mais les masses, non, en tout cas moins facilement. Le problème est que les hommes ne sont pas que des êtres rationnels, ce sont aussi des êtres passionnels, animés de pulsions. Il faut insister sur cette notion de passivité : les hommes subissent leurs pulsions, en tout cas leur émergence et ils doivent s'en accommoder. Ces pulsions peuvent être agressives : les pulsions de vie quand elles cherchent à s'exprimer et à se développer, les pulsions de mort quand elles se retournent en leur contraire, c'est-à-dire lorsqu'elles se tournent vers l'extérieur. Les pulsions de vie cherchent à dominer et les pulsions de mort ne visent que la destruction. Ceci explique pourquoi Freud dit que : « le centre de gravité se déplace de ce qui est matériel à ce qui touche le psychisme. »[58]. En effet, si les pulsions trouvent leur origine dans le corps, elles parviennent au psychisme sous forme de représentations inconscientes. Et il va falloir trouver le moyen de les empêcher de s'exprimer de manière directe tout en leur donnant une forme de satisfaction. Ainsi, la mise en œuvre de la civilisation exige des « sacrifices », puisqu'elle suppose le renoncement aux pulsions, en tout cas le renoncement à l'expression sans fard des pulsions. Cela signifie que je ne peux plus faire ce que je veux, n'importe où, n'importe quand, etc., mais mes pulsions doivent être canalisées, régentées. De plus, la transformation de la nature elle-même suppose la domination des pulsions et le fait de les différer, voire d'y renoncer. Concomitamment, le

[58] Freud, 2011, p.41

travail va représenter un moyen efficace de les discipliner. En effet, l'énergie produite par les pulsions va être détournée de ses buts initiaux (sexuels pour les pulsions de vie) et utilisée à des fins socialement utiles, c'est ce que Freud a appelé la sublimation. Mais cette « compensation » n'est pas suffisante, car travailler ne provoque pas nécessairement, loin de là, du plaisir. Aussi, il faut trouver autre chose, la compréhension de la nécessité ne suffit pas.

Freud affirme que « les masses sont inertes et bornées »[59]. En gros, elles sont passives et ne comprennent rien, manquent d'« intelligence », sont incapables de saisir les enjeux de la pérennité de l'humanité, ou même de ce qu'est l'humanité dans son essence.

Freud s'inspire ici de la *Psychologie des foules* (1895) de Le Bon qui affirme que les masses ne pensent pas, seuls les individus pensent et pris dans la masse ils ne se comportent que de manière mimétique. Dans *Psychologie collective et analyse du Moi* (in *Essais de psychanalyse*) Freud montre que l'individu se comporte différemment seul ou en groupe. Dans ce dernier cas, l'individu se « fond », perd sa délimitation individuelle par une sorte de « contagion affective »[60] et par l'interaction réciproque des individus les uns sur les autres : « c'est ainsi que la charge affective des individus s'intensifie par induction réciproque. On se trouve comme poussé et contraint à imiter les autres, à se mettre à l'unisson avec les autres »[61]. Même si l'on peut reprocher à Freud son mépris envers les masses, on ne peut s'empêcher en même temps de lui donner partiellement raison : dans l'antiquité les jeux du cirque représentaient une forme de compensation à ce refoulement des pulsions, car ils permettaient

[59] Freud, 2011, p.42.

[60] Freud, 1972, p. 130.

[61] Ibid., p. 102.

d'exprimer l'agressivité retenue. Aujourd'hui, trivialement ce sont les matchs de football par exemple qui sont l'occasion de défoulements collectifs sur la base d'une exaltation de la communauté des « supporters ». Mais ces formes modernes renvoient à des expériences archaïques de l'histoire de l'humanité. Ainsi dans les premières religions qui pratiquaient les sacrifices, y compris les sacrifices humains qui étaient aussi une manière d'exprimer cette violence contenue, c'est ce que l'on appelle le phénomène de la violence unanime contre un seul[62], comme dans le cas également du bouc émissaire. Cependant, nous ne pouvons nous en tenir à ces « masses bornées », leurs dirigeants ont été bien souvent, sont encore souvent, les plus excessifs dans la violence et tout aussi bornés. Freud semble préférer, et peut-être à juste titre, que la violence des masses soit canalisée, y compris par une forme de violence symbolique, par exemple en leur instillant des croyances, qui ne sont que des superstitions. Or maintenir les hommes dans l'ignorance, l'illusion et la peur, c'est les soumettre, c'est aller à l'encontre de la réalisation de leur liberté. Et c'est la définition même de la violence. Freud pose donc ici le problème de la pérennité de la civilisation, alors que les masses y sont hostiles. Il faudrait trouver un moyen de réconcilier les hommes avec la nécessité. On verra plus loin que la religion est précisément ce moyen, mais pour l'instant Freud se contente de poser le problème. Il insiste ainsi fortement sur l'incapacité rationnelle des masses : elles n'entendent rien, aucun argument ne peut les convaincre, trop soumises qu'elles sont à l'influence des pulsions, des leurs et de celles des autres. Cette influence réciproque ne va pas dans le bon sens, elle nous tire vers le bas, puisqu'elle se « cale » sur les pulsions. Dans la foule, les hommes sont comme des enfants, ils sont incapables de renoncer à la force de leurs

[62] Voir René Girard, *La violence et le sacré*, Grasset, 1972.

désirs, ils sont « pris » dans les mailles de ces désirs. Aussi, Freud affirme que « seule l'influence d'individus modèles »[63], peut remédier à cet état de fait. On sait pourtant que les chefs ou les leaders sont rarement motivés par la recherche de buts rationnels, l'Histoire en fournit nombre d'exemples. On peut lui retourner ici son compliment à Marx : c'est lui qui devient exagérément optimiste. Cela dit, on commence à voir ici les mécanismes d'identification que Freud reprend de sa conception analytique du psychisme. Le narcissisme primaire se dépasse ainsi : l'enfant s'identifie à son père ou à tous les substituts paternels qu'il rencontrera. De la même façon, les hommes, ces grands enfants, continuent de fonctionner par identification : ils ne s'identifient alors plus à leur père, mais au chef. En tout cas, ce que veut essayer de comprendre Freud c'est par quels mécanismes psychiques les contraintes sociales peuvent s'imposer, parce qu'elles doivent nécessairement s'imposer pour que la vie sociale, et donc la civilisation, soit possible. Pour cela, il va utiliser les outils psychanalytiques qu'il a lui-même forgés.

Mais reprenons le raisonnement de Freud : comme les masses sont bornées, il est nécessaire qu'elles aient des chefs. Si ces chefs sont vertueux et ont dépassé leurs propres pulsions, tout va bien. En arrière-plan, il y a toute la vision très « aristocratique » de Freud que nous avons déjà pu noter. Platon disait aussi dans la *République* qu'il fallait que la cité soit gouvernée par des individus qui connaissent le Bien, qui ne cèdent pas à leurs pulsions (plus exactement leurs passions) et refusent la démagogie ! C'est pourquoi, pour Platon, les Philosophes devaient être rois ou les rois philosophes, puisqu'ils avaient accompli la démarche dialectique leur permettant de parvenir au Bien et

[63] Freud, 2011, p.42.

de le comprendre. Ils pouvaient ainsi être des chefs complètement désintéressés. Platon a essayé d'appliquer cette théorie aux tyrans Denys père et fils et a échoué et l'aventure s'est même plutôt mal passée. Éduquer la masse ? Mais comme le soulignait Marx : qui va éduquer les éducateurs ? Vouloir une société aristocratique, gouvernée donc par « les meilleurs », n'est-ce pas un projet potentiellement totalitaire ? Et ce projet entraînerait de fait l'augmentation du poids de la contrainte pour les masses en attendant la civilisation idéale, comme le souligne Freud, mais une société idéale qui n'adviendrait jamais. Cela peut renvoyer aussi au concept du « despote éclairé » dont le modèle des Philosophes était Frédéric II. Mais dans « despote éclairé », il y a quand même toujours despote ! Le problème, ou la réalité, est que les chefs eux-mêmes sont des hommes ! Et que comme tous les hommes, ils ne peuvent échapper aux pulsions puisqu'elles sont constitutives de ce que sont les humains. Et donc comme les autres hommes, peut-être de manière moindre ou moins évidente, ils sont soumis aux mêmes processus de contagion affective (plaire, être aimé et donc être rassuré et donc faire des choses pour plaire, être aimé, ...) et d'identification. D'où la difficulté d'être chef. Il faudrait donc des chefs indépendants des foules, non soumis à leurs propres pulsions et disposant de moyens, y compris coercitifs, pour guider les foules. Freud rappelle qu'en effet les hommes n'aiment pas le travail. Le travail est toujours imposé et va contre nos pulsions (puisqu'il suppose la répression pulsionnelle, la mise en sourdine du principe de plaisir) et que les arguments ne peuvent rien contre les passions ! Spinoza disait déjà cela à sa manière. Nous n'insisterons pas sur cette thèse que les passions sont plus puissantes que les idées vraies : nous savons que nos désirs sont premiers, et que le premier de ces désirs c'est d'être aimé, et que pour cela nous sommes prêts à tout ! Y compris à la soumission, au renoncement à soi, etc. Cela dit,

Freud ne renonce pas pour autant à la nécessité de l'éducation, et donc de la civilisation, mais demeure lucide en affirmant qu'on peut réduire les deux traits négatifs caractéristiques de l'humanité – paresse et tendance à suivre ses désirs – mais certainement pas les supprimer.

Difficulté du maintien de la civilisation

Si le maintien de la civilisation est délicat, ce n'est pas seulement pour une question d'organisation (qui renvoie à l'économie), mais surtout parce qu'elle dépend de ce que sont les hommes, ou plus précisément du fonctionnement psychologique des hommes. S'il ne s'agissait que d'une question économique, une répartition équitable des biens permettrait de régler le problème une fois pour toutes. Mais on n'est ici justement pas dans un problème arithmétique. Les humains ne sont pas des êtres pourvus uniquement de raison (laquelle est ce qui permet d'ailleurs de calculer). On pourrait imaginer la meilleure répartition possible, que cela ne fonctionnerait pas pour autant sans contraintes. En effet, chacun d'entre nous est animé de pulsions qui parviennent au psychisme sous forme de représentations, c'est-à-dire de désirs. Cependant, ces derniers sont d'abord narcissiques, tournés uniquement vers la satisfaction de l'individu, satisfaction qui est souvent incompatible avec la vie commune. De plus nous désirons tous les mêmes choses : d'abord survivre certes, et le travail en représente la condition de possibilité, mais aussi nous désirons la reconnaissance, l'attestation de notre existence, d'où l'expression de toute une série d'affects, comme le dit Spinoza : désir de puissance, de domination, de gloire, de richesse, d'exclusivité, mais aussi d'amour, et donc souvent de haine et de jalousie. Bref, si nous laissions exprimer sans retenue tous ces désirs, nous ne pourrions plus nous organiser ensemble pour survivre. Il faut donc envisager des barrières, des contraintes à ces flots de pulsions pour que la civilisation puisse persister. La civilisation ne représente pas seulement l'ensemble des organisations que les hommes mettent communément en place pour survivre, mais aussi l'ensemble des moyens coercitifs pour qu'elle puisse continuer d'exister afin que les hommes puissent survivre. Ceci ressemble à la double-contrainte des psychologues : il faut renoncer à la satisfaction des pulsions pour qu'elles puissent trouver une satisfaction ! La civilisation c'est donc aussi l'apprentissage de la frustration. Cependant, la frustration ne peut aller sans compensation. C'est ce que doit proposer la civilisation pour perdurer.

Frustration, renoncement, privation

La *frustration* représente le fait de ne pouvoir satisfaire un désir, de devoir y renoncer. La frustration c'est la *renonciation* à la satisfaction. En matière de pulsions, cela peut être la renonciation à une satisfaction brute et immédiate. Cela ne signifie pas qu'aucune satisfaction ne sera envisageable, mais celle-ci pourra être différée et prendre une forme « civilisée ». Par exemple, on apprend aux enfants à manger selon des horaires et selon des manières caractéristiques du groupe auquel on appartient. S'il y a frustration, c'est parce qu'il y a *interdit*. On ne peut exprimer certains désirs, ou pas de manière directe. On interdit, par exemple dans notre civilisation, aux enfants de manger avec les mains. Les humains mangent en suivant des règles qui s'acquièrent, et non de manière instinctive. Donc dès lors qu'un interdit est imposé, il y a renoncement à la satisfaction, il y a frustration, laquelle entraîne un état de *privation* : il est interdit de manger avec les mains comme je pourrais en avoir spontanément envie, je suis donc privé de ce plaisir !

Les différentes cultures ne fonctionnent pas avec les mêmes interdits, avec les mêmes règles, y compris dans leur organisation hiérarchique. Mais Freud s'intéresse ici à ces privations que l'on pourrait qualifier d'universelles, c'est-à-dire celles que l'on retrouve dans tous les groupes humains et qui ont permis d'instaurer, ou d'institutionnaliser, l'humanité. En effet, et l'ethnologie l'a confirmé notamment avec les travaux de Lévi-Strauss, on retrouve trois grands interdits dans toutes les cultures : l'interdit de manger son semblable, l'interdit de le tuer et l'interdit de l'inceste. Cela ne signifie évidemment pas que ces choses n'existent plus, sinon il n'y aurait pas besoin de les interdire, mais que nous n'avons pas le droit d'y donner libre cours. Ces trois interdits marquent l'entrée dans l'humanité, même si rituellement l'anthropophagie a longtemps été pratiquée dans certaines sociétés, mais dans un cadre sacré, donc symbolique et pas naturel. Nulle question de cet ordre chez les autres espèces. Ces interdits mettent en évidence l'acquisition de la conscience, c'est-à-dire la faculté de se représenter le monde et de se représenter soi-même dans le monde. Mais comme nous l'avons souligné, cela ne signifie pas que les envies de tuer et de manger son semblable, et d'avoir des relations incestueuses, ont disparu. Ces pulsions demeurent présentes et il faut refaire avec chaque enfant l'apprentissage de la frustration, c'est-à-dire qu'il faut l'éduquer, le faire advenir au monde des humains. Le tout petit d'humain ne fait qu'un au départ avec sa mère, et c'est vers elle que se dirige sa demande d'amour. Mais l'étape du complexe d'Œdipe et la construction du Surmoi vont œuvrer à la séparation et à la mise en place de l'interdit de l'inceste. De la même façon, lorsque la mère dit à son bébé qu'elle câline « je vais te manger ! », on retrouve une trace de cet ancien cannibalisme, mais qui a pris une forme tout à fait acceptable, car symbolique. Enfin, on apprend aux touts petits à canaliser leur agressivité et on leur inculque des normes morales (ne pas être méchant, ne pas être injuste, etc.). Bref, les désirs les plus archaïques n'ont pas disparu, ils sont toujours à l'œuvre et continuent de nous travailler. C'est pourquoi, les interdits doivent impérativement être entretenus, répétés pour que la civilisation n'entame son déclin.

Aussi lorsque Freud affirme que les névrosés « réagissent déjà à ces frustrations par l'asocialité »[64], on ne peut s'empêcher de penser à ceux que l'on appelle les « radicalisés » : ils tuent, violent, torturent, etc : avec eux, les interdits moraux de la civilisation sont abolis, comme avant eux les nazis y avaient renoncé. Nous voici avec eux revenus à l'état primitif, c'est-à-dire à l'état animal que, lorsqu'il s'agit des humains, nous appelons barbarie. « Psychologiquement, on est (donc) en droit »[65] de mettre ces interdits moraux sur le même plan que les autres, et d'autant plus urgemment qu'il semblerait même qu'une partie des humains ne renonce plus à ces désirs pulsionnels primitifs ! Peut-être pouvons-nous avancer une première explication : les interdits, en particulier les interdits religieux, sont parfois par trop frustrants et lorsque ceux qui les subissent trouvent une voie d'expression, celle-ci peut être explosive. L'excès de frustration entraîne des réactions excessives d'hostilité à l'encontre des règles instituées.

Enfin, Freud affirme que seul l'interdit du cannibalisme est véritablement respecté. Mais il pense que l'interdit de tuer et l'interdit de l'inceste peuvent à terme également être respectés avec l'évolution des civilisations. Nous aimerions être aussi optimistes que Freud, mais les meurtres, les exécutions capitales, les viols familiaux, ne semblent pas en voie de disparition.

[64] Freud, 2011, p.46.

[65] Ibid., p.47.

Progrès moral ?

Freud pense qu'il y a un progrès moral de l'âme humaine, qui peut donner lieu à des « progrès psychologiques »[66], comme il y a un progrès des sciences et des techniques. Ces derniers sont constatables de façon empirique : on est plus à même aujourd'hui d'expliquer les phénomènes naturels que dans l'Antiquité, on peut se déplacer et communiquer bien plus rapidement qu'auparavant. Là-dessus, pas de doute. En revanche, les progrès psychologiques sont un peu plus difficiles à constater. Pourtant Freud est ici obligé de les admettre pour donner sens à ce qu'il affirme : les hommes ont intégré des interdits primordiaux et ne reviennent pas dessus à chaque génération. Cela dit, cela ne signifie pas que cet acquis soit transmis héréditairement. Il n'y aucune raison en effet de penser que l'héritage culturel se transmette par la voie de l'hérédité biologique, même si les partisans de la psychologie évolutionniste affirment le contraire. La psychologie est donc bien inséparable de la compréhension du social et de l'histoire. Et sans doute le Surmoi a-t-il évolué et c'est réellement un acquis de la civilisation. Sans Surmoi, c'est-à-dire sans intériorisation des règles et des interdits, aucune civilisation n'est possible. Mais ce Surmoi suppose l'éducation, il ne peut exister sans l'apprentissage de la frustration, c'est-à-dire sans le renoncement aux pulsions et ce renoncement aux pulsions ne se fait pas naturellement, mais exige une contrainte extérieure. C'est ce que retrace l'histoire singulière de chaque enfant qui intériorise progressivement les interdits. Cette intériorisation progressive des interdits nous ramène ici encore à l'histoire de la civilisation qui reste conçue comme un progrès (moral) : ce qui se passe sur le plan singulier s'accumule sur le plan de l'histoire humaine. On peut

[66] Ibid., p.46.

illustrer ceci en montrant comment socialement nous avons intégré l'interdit du meurtre (diminution des crimes de sang, effroi devant la peine de mort) mais aussi dans d'autres domaines (évolution des comportements à l'égard des handicapés, par exemple). Aucun de nous n'est plus moral que Socrate, mais notre société serait spontanément plus morale que celle des Grecs ou des Romains anciens. Pour parler comme Hegel, il y a un progrès de la « *Sittlichkeit* » (l'éthos, les bonnes mœurs) même si la moralité abstraite est atemporelle. Ainsi, tous les humains qui ont développé un Surmoi, qui ont donc intériorisé des règles morales, sont les garants de la civilisation, car ils ont compris le sens de leur humanité : être humain n'est pas suivre toutes ses pulsions, tous ses penchants, mais c'est utiliser sa raison. C'est ce que nous disent les philosophes depuis l'Antiquité, mais Freud donne ici un fondement psychologique à cette idée. On note à nouveau l'optimisme de Freud : les interdits les plus anciens sont intégrés et n'ont plus besoin de contrainte extérieure, c'est-à-dire sociale comme l'école, la police, la justice et les autres institutions.

Nous nous permettons d'en douter, et cet optimisme de Freud s'émoussera sérieusement dans le *Malaise dans la civilisation* où il affirmera que plus la civilisation progresse, plus se développent les tendances antisociales, l'agressivité contre la civilisation et les tendances destructrices. En effet, plus la civilisation « progresse », plus elle inflige de contraintes car plus elle discipline, mais en même temps elle augmente la frustration. Ainsi, les pulsions de vie, agressives, qui peuvent de moins en moins s'exprimer se transforment en pulsions de mort et cette haine de soi peut alors se retourner en haine des autres, c'est ce que Freud appelle la désintrication de la pulsion de mort. Cela donne lieu alors au déchaînement de la violence. Toutes les barrières qui avaient été mises en place volent en éclat. Alors un progrès moral réellement ? On peut bien évidemment penser ici aux guerres toujours plus destructrices, au raffinement toujours davantage poussé pour tuer, mais aussi à la prolifération des lois et à l'augmentation toujours plus importante de la présence policière, sans parler de toutes les nouvelles incivilités, lesquelles montrent que les interdits semblent être de moins en moins intégrés.

D'ailleurs, Freud nous donne déjà des indications de cette limite et de cette fragilité de la civilisation. En effet, il ne peut que constater qu'elle ne peut empêcher les individus de chercher à donner libre cours à leurs pulsions (cupidité, avidité, convoitise, mensonge, roublardise, exploitation). Ainsi, lorsqu'il s'agit d'interdits « moindres », on s'aperçoit que la contrainte intérieure n'est pas suffisante, qu'il faut y ajouter la contrainte extérieure (société, police, justice, ...). Après tout, quand l'impunité semble garantie, pourquoi se priver ? Finalement, la civilisation est peut-être loin d'être acquise et sous ce «si fragile vernis d'humanité »[67] affleure toujours la barbarie.

Le premier type de renoncement renvoie donc aux interdits universels (inceste, meurtre et cannibalisme). Selon Freud, il existe un second type de renoncement mais qui ne touche pas tous les hommes, ou en tout cas pas au même degré : il s'agit de l'inégalité de la répartition des richesses et l'exploitation qui la rend possible. Freud fait un pas vers ses « interlocuteurs » marxistes et admet que l'hostilité des classes opprimées envers la civilisation est compréhensible. En effet, ce sont ces classes qui par leur travail rendent possible la civilisation : c'est parce que les hommes doivent travailler et s'organiser pour survivre qu'ils érigent la civilisation, qui ne peut tenir qu'avec des règles instituées. Mais les classes travailleuses sont flouées, car elles rendent possible la civilisation mais n'en tirent aucun bénéfice, ou très

[67] Voir l'ouvrage éponyme de Michel Terestchenko, La Découverte, 2005

peu. D'où leur hostilité bien compréhensible à la civilisation qui impose les règles, puisqu'elles en sont les premières victimes ! Freud n'hésite d'ailleurs pas à affirmer que « tant qu'une civilisation n'a pas dépassé le stade où la satisfaction d'un certain nombre de membres a pour condition l'oppression des autres, qui sont peut-être la majorité, et c'est le cas de toutes les civilisations actuelles, il est compréhensible que ces opprimés développent une hostilité intense envers la civilisation qu'ils rendent possible par leur travail. »[68]. C'est presque du Marx dans le texte ! On peut comprendre alors que ces classes laborieuses n'aient pas envie d'intégrer des règles qui les asservissent et leur ôtent leur humanité. Leur révolte devient alors légitime !

Cela n'empêche pas Freud de noter que même les classes dominantes font preuve d'une hostilité latente aux contraintes de la civilisation. Tout cela prend une résonance très particulière à notre époque qui voit « la révolte des élites »[69] et la destruction de la culture qu'elles organisent par en haut : destruction de l'école, renoncement à la transmission des savoirs, dénigrement de nos prédécesseurs, oubli de l'Histoire, bref renoncement à l'éducation et à l'institution de la civilisation.

Tirons-en la leçon : on n'a que la civilisation que l'on mérite. A force de mépris, à force de « tolérance » y compris de l'intolérable, à force de reniement et de lâcheté, on a accepté le retour de la barbarie.

Satisfaction de remplacement

Une civilisation ne se mesure pas qu'à son niveau d'intégration morale, même si ce niveau est le premier et

[68]Freud, 2011, p.49.
[69] Voir le livre éponyme de Christopher Lasch, Flammarion, 2007.

l'essentiel. Elle se mesure aussi aux valeurs auxquelles elle croit et adhère, ainsi qu'à ses créations artistiques. Il s'agit de la sublimation. Cette dernière consiste en l'utilisation de l'énergie détournée des pulsions de vie vers des buts socialement valorisés : travail intellectuel, travail créatif, art, recherche scientifique, idéaux de modèle de justice. La sublimation représente donc bien une satisfaction, quoique détournée, des pulsions et en fait la possession psychique d'une culture et donc de ceux qui y participent. Cependant, contrairement à ce que l'on pourrait croire d'emblée, ces idéaux ne sont pas ce qui motive la civilisation, mais c'est la civilisation qui les rend possibles. Ils viennent après-coup, quand la société est organisée et voit ce qu'elle est capable de mettre en œuvre et de créer. Ces idéaux créés par le fait même de la civilisation vont donc entraîner de la satisfaction narcissique : les participants de cette civilisation vont trouver une compensation à leur refoulement, ils vont se reconnaître dans ces productions par les phénomènes de contagion affective et d'identification envisagés plus haut. Ainsi, tous ceux qui participent à cette civilisation se voient gratifiés par ces valeurs et créations, et même les plus pauvres se sentent élevés en participant à une grande civilisation. Pour renforcer cette fierté, la comparaison avec d'autres civilisations va devenir nécessaire. On retrouve ici le principe dialectique de la reconnaissance émis par Hegel, à travers la figure du conflit du maître et de l'esclave : je ne peux prendre conscience de moi-même et me reconnaître qu'en me mesurant à l'autre, je n'ai la certitude de moi-même que dans le rapport à l'autre. Sur le plan social, cela donne l'origine de l'hostilité entre les nations (nationalisme, chauvinisme, racisme…). On peut donner ici pour illustrer simplement cette idée, l'exemple du sport : le supporter s'identifie à l'équipe : « on a gagné ! ».

Cette satisfaction de remplacement (valeurs et créations) peut fonctionner, y compris chez les classes les plus défavorisées, donc les moins enclines à accepter les frustrations, et qui pourtant sont celles qui en acceptent le plus quand on y réfléchit bien, ne serait-ce qu'en contemplant les vitrines des magasins remplis d'objets qu'elles n'ont pas les moyens de s'acheter, bien qu'elles aient grandement concouru à leur production ! Ce qui va fonctionner, c'est la mise en œuvre, évidemment inconsciente, du narcissisme. Ce dernier correspond à la première forme d'identification du moi, c'est-à-dire au narcissisme primaire (le stade du miroir : quand l'enfant s'identifie à sa mère, avant de s'en distinguer pour former un sujet à part entière). De la même façon, c'est ce mécanisme d'identification des opprimés à leurs oppresseurs qui va fonctionner ici. Et donc, par ce sentiment d'appartenance à un groupe, par identification donc, même les plus défavorisés d'un groupe vont se sentir valorisés vis-à-vis d'un autre groupe avec lequel ils sont en concurrence et qu'ils considèrent comme inférieurs : ils ont moins de technique, maîtrisent moins de sciences, etc. même si ceux qui se réclament du groupe « supérieur » sont bien incapables d'être en mesure de pratiquer les techniques ou de maîtriser par eux-mêmes lesdites sciences ! Ils vont même se sentir dédommagés de ce qu'ils peuvent subir. L'appartenance à ce qui leur semble supérieur leur donne (de manière illusoire) une forme de supériorité. C'est donc ce phénomène d'identification qui permet la stabilité des civilisations qui sans cela exploseraient. Cette identification fonctionne toujours pour la même raison : on retrouve ici à la fois l'espérance et la crainte face à la déréliction : espérance d'une puissance sans limites et crainte de la perdre, le groupe faisant la force. Cela peut alors expliquer l'adhésion à ces valeurs et créations, et entraîner en retour la docilité, l'assentiment, le consentement pour éviter de tout perdre et qui pourraient expliquer comment des millions de personnes peuvent être moins puissantes qu'une seule et accepter la servitude, comme le constatait La Boétie. Il nous faut alors reconnaître l'once de mépris qui se dissimule derrière ces affirmations : des individus peuvent éprouver de la satisfaction pure dans les plus hautes activités de l'esprit, mais pas les masses qui ne peuvent éprouver qu'une satisfaction différentielle. Cela dit, n'est-ce pas aussi la réalité ? N'est-ce pas le résultat de l'inégalité organisée dans nos sociétés ? N'est-ce pas aussi cela qui va s'accentuer avec les réformes pour décérébrer les enfants des masses ? Nous ne pouvons résister à citer les préconisations de l'OCDE énoncées en 1996 : « Si l'on diminue les dépenses de fonctionnement, il faut veiller à ne pas diminuer la quantité de service, quitte à ce que la qualité baisse. On peut réduire, par exemple, les crédits de fonctionnement aux écoles ou aux universités, mais il serait dangereux de restreindre le nombre d'élèves ou d'étudiants. Les familles réagiront violemment à un refus d'inscription de leurs enfants, mais non à une baisse graduelle de la qualité de l'enseignement »[70]. On ne peut être plus clair !

De la même façon, la création artistique ne peut toucher qu'une minorité, le « grand art » reste inaccessible à la masse, celle-ci étant sous l'emprise de la nécessité (du travail). Néanmoins, toute civilisation y trouvera une satisfaction narcissique : un peuple est fier de ses artistes, car il s'y identifie. Cependant, l'art demeure élitiste, et n'est pas en passe de l'être moins. Il devient en effet de plus en plus difficile de faire lire des œuvres littéraires aux élèves, quand il n'est pas déjà difficile de leur faire lire quelque chose, ou de leur faire apprécier des œuvres picturales, musicales ou encore cinématographiques. Et pour cause, en mettant à leur disposition des « jeux » qui ne demandent aucune analyse, qui ne provoquent aucune émotion, si ce n'est

[70] Centre de développement de l'OCDE – cahier de politique économique n°13-1996.

de l'excitation, on leur ôte quasiment la possibilité de toute forme de sublimation. On est ici dans la satisfaction directe et immédiate des pulsions les plus primaires. D'ailleurs ceux qui fabriquent ces jeux en ont tellement conscience qu'ils inscrivent leurs enfants dans des écoles où les ordinateurs sont quasiment interdits. Alors peut-être que ce pilier de la civilisation qu'est la production artistique voit ses jours comptés…

Aussi, la religion va constituer la principale de ces valeurs permettant d'identifier chacun à la communauté et d'accepter la répression des pulsions.

La religion est une forme de la sublimation

Comme l'expression de la sublimation sous la forme de valeurs ou de créations devient une possession psychique valorisante de la civilisation, la religion en représente également une, et qu'il s'agit même de : « la pièce la plus importante peut-être que comporte l'inventaire psychique d'une civilisation »[71]. Ainsi, si on laisse libre cours aux désirs, c'est-à-dire si on ne refoule plus, évidemment on peut imaginer que cela donnera lieu à beaucoup de satisfactions : abuser des femmes, tuer, voler, détruire… Arrêtons-nous un instant. La barbarie, comme celle des Talibans, d'Al-Qaïda ou encore de Daesh, vise la destruction de siècles de civilisation à tous les niveaux : moral, esthétique, rationnel… et il apparaît que là où le Moi était enfin advenu, le Ça revient en force, alors que Freud concluait ses *Nouvelles Conférences* (1932) en disant : « Là où est le Ça, le Moi doit advenir », c'est-à-dire que le Moi, raisonnable et rationnel, devait se substituer au Ça pulsionnel, irrationnel et destructeur. Avec le retour de la barbarie, ou même l'avènement de la barbarie, on assiste à une profonde régression, le Moi

[71]Freud, 2011, p.52.

est désintégré, les pulsions refoulées s'expriment brutalement, le barrage a cédé. Et on voit à l'œuvre les pulsions de mort, car cette fuite en avant, cette folie de détruire est d'abord autodestructrice. La haine des autres n'est que la haine de soi déguisée en désir de domination. Non seulement on est alors face à un processus de désublimation, et on opère donc un retour à l'animalité en nous que les hommes essaient de nier depuis leur émergence, un processus foncièrement régressif de « décivilisation », mais de plus nous désirons tous foncièrement les mêmes choses ce qui nous rend tous ennemis les uns des autres. Bien sûr, nous sommes déjà en concurrence les uns avec les autres, mais justement de manière civilisée ! Enfin, nous essayons de l'être. Et donc, dans une situation de désublimation complète, seul celui qui parvient à dominer tous les autres peut réellement satisfaire tous ses désirs, à condition d'être celui dans lequel tous les autres se projettent. C'est la figure du tyran qui dicte la loi, mais à une condition tout de même, c'est que l'un des trois interdits universels soit respecté : ne pas tuer le père, sinon il serait lui-même la cible potentielle d'un autre. Or, nous savons que si ces interdits existent, c'est parce qu'ils sont toujours potentiellement transgressés. Donc même la position du tyran, dans cette situation, est très précaire !

Dans les exemples que nous venons d'évoquer, il y a un paradoxe apparent qu'il faut tout de suite noter : c'est la religion qui fournit les ingrédients de cette désublimation alors qu'elle est normalement fondée sur le refoulement des pulsions et la recherche d'une compensation idéale aux sacrifices qu'exige la civilisation.

Dans le processus de désublimation, on retrouve l'état de nature décrit par Hobbes dans le *Léviathan*, dans lequel « l'homme est un loup pour l'homme ». Freud reprendra d'ailleurs cette idée aussi dans *Malaise dans la civilisation*.

En effet, l'état de nature, qui n'est qu'une hypothèse théorique et qui n'a sans doute jamais vraiment existé pour l'homme, car justement l'apparition de l'homme est liée à l'entrée dans la culture, cet état de nature donc est un état de guerre permanente de chacun contre chacun et s'il avait vraiment existé, l'espèce humaine aurait disparu depuis longtemps ! Alors, certes la civilisation est répressive, mais la nature l'est encore plus ! La nature ne fait pas de quartiers. Et c'est justement pour se protéger de la nature et résoudre leurs besoins dans cette nature que les hommes se sont rassemblés et qu'ils ont mis en place des règles pour pouvoir vivre ensemble, c'est-à-dire qu'ils ont créé la civilisation. Cette dernière a donc une tâche éminemment pratique, qui consiste à résister à la nature et nous en protéger. Cela est possible par l'invention de la technique, concomitante de l'apparition de la civilisation, et par le développement des sciences. Les hommes ont développé le savoir par souci de compréhension du monde, mais d'abord par nécessité de survivre dans ce monde. Les humains sont des êtres physiquement extrêmement démunis : ils ne sont pas forts, pas rapides, n'ont pas de défenses naturelles comme des cornes ou des griffes, etc. Et pourtant, grâce au développement de leur technique et de leur science, donc grâce à la civilisation, ils sont devenus les plus grands prédateurs de la planète. Toutefois la nature reste infiniment plus puissante que l'homme : catastrophes naturelles, maladies, etc. continuent de nous dépasser. Et le problème clé reste bien celui de la mort contre laquelle nous sommes complètement démunis. Face à cette impuissance, les hommes s'unissent et sont parfois capables d'actes solidaires. Mais c'est aussi pour cela que sont apparues les religions. En effet, le religieux s'enracine dans notre angoisse de mortels qui se savent mortels. Et même la science contemporaine quand elle nous promet l'immortalité (recherches sur l'embryon et les cellules souches par exemple) fonctionne très souvent et pour le grand public sur un mode proprement religieux. L'individu est donc confronté non seulement aux dommages que lui impose la civilisation (répression pulsionnelle) mais aussi à la puissance de la nature, ce qui l'angoisse et représente une « atteinte au narcissisme naturel »[72]

Humanisation de la nature

Les hommes résistent aux contraintes de la civilisation de diverses manières (violence canalisée ou hostilité ouverte, destruction, etc.). Mais face à la nature, nous sommes tous identiquement vulnérables, et la civilisation va avoir pour fonction de nous rassurer. C'est aussi son essence que de donner du sens au monde, et donc de le subir moins et de le maîtriser davantage. Elle rend le monde moins effrayant et même parfois fait oublier à l'homme qu'il est mortel. La civilisation, en humanisant le monde, permet de réconforter les individus. Et donc le désir de savoir, entretenu pour des besoins pratiques de survie, apparaît finalement comme secondaire. Ce qui importe, c'est d'être rassuré, même d'être assuré.

Il s'agit donc d'humaniser la nature, de la rendre moins étrangère, donc plus familière. Il s'agit d'y laisser nos traces et de reconnaître que ce sont nos propres traces (comme Hegel et Marx nous l'ont montré). Et de fait, le monde autour de nous est un monde humain (nature modifiée, constructions, mais aussi communication, transports…). De plus, en attribuant à la nature nos propres tourments et nos propres passions, par une sorte d'anthropomorphisme, de personnification, nous croyons mieux la comprendre et nous croyons pouvoir nous la concilier : il est moins angoissant d'être soumis à une puissance personnelle compréhensible

[72] Freud, 2011, p.55.

« de l'intérieur » qu'à des forces aveugles. Spinoza, en particulier dans l'appendice de la partie I de l'*Éthique* explique que les hommes croient que les Dieux, ou Dieu, ont créé le monde et les hommes, c'est-à-dire la nature. Mais il s'agit d'un préjugé qui fait de Dieu, ou des Dieux, la projection d'une image de l'homme. Les hommes fabriquent des choses en vue de leur utilité, d'une certaine fin et ils en déduisent que tout ce qu'ont fait les Dieux a également une finalité. Ce préjugé, c'est le préjugé « finaliste » dont nous avons déjà parlé, préjugé qui inverse justement l'ordre des causes et des effets et prétend que l'effet est la vraie cause : « les hommes supposent communément que toutes les choses naturelles agissent comme eux, à cause d'une fin, et vont même jusqu'à tenir pour certain que Dieu lui-même règle tout en vue d'une certaine fin précise. »[73] Les hommes ont ainsi tendance à croire que la nature a été voulue et conçue par une volonté supérieure, et tout cela pour eux. Cette croyance aux causes finales est donc une sorte de rationalisation de ce qui guide l'homme dans la réalisation de ses désirs, et notamment son désir de protection. Spinoza fait ainsi une véritable généalogie des superstitions religieuses. Les hommes inventent des êtres dont ils ignorent évidemment tout et sur qui ils projettent ce qu'ils savent d'eux-mêmes. Ainsi ces « recteurs » de la nature doivent agir comme des hommes en vue de fins humaines et par le moyen d'une liberté humaine. Si les dieux disposent la nature pour la convenance des hommes, ce doit être parce qu'ils en attendent quelque chose en retour, que les hommes les honorent et leur rendent un culte. Ce n'est qu'un pur et simple délire pour Spinoza. La comparaison de la superstition religieuse au délire sera un thème fréquent des penseurs des Lumières. On la retrouvera aussi sous la plume de Freud

[73] Spinoza, 1988, appendice de la partie I.

qui définit la croyance religieuse comme « idée délirante »[74]. Pourquoi s'agit-il de délire ? Tout simplement parce qu'il y a dans la superstition un déni du réel. Évidemment, dans la nature beaucoup de choses vont contre les intérêts des humains (maladies, tempêtes, catastrophes naturelles, etc.) et de plus ces choses frappent indistinctement les hommes pieux et les méchants. Ce simple constat devrait suffire pour remettre en cause le préjugé selon lequel tout est ordonné en vue du bien des hommes. Mais « ils tinrent pour certain que les jugements des Dieux échappent de très loin à la prise de l'homme »[75]. On attribue à l'un des pères de l'Église, Tertullien (un Carthaginois du IIe siècle), la formule « je crois parce que c'est absurde » (*credo quia absurdum*) ! Il s'agit de la croyance sans preuve rationnelle et même au mépris des preuves rationnelles. Les hommes sont en proie aux illusions car ils ont peur, peur de la puissance de la nature et peur de leur finitude. Aussi, les forces personnifiées de la nature peuvent ainsi être apprivoisées, on peut marchander avec elles… Ceci explique que les premières formes religieuses sont des divinités naturelles (animisme) qu'on retrouve aussi dans les polythéismes (Poséidon comme la force de la mer, Zeus celle de l'orage, etc.). Évidemment, il s'agit d'une pure illusion, mais une illusion consolatrice. La maîtrise de la nature ainsi offerte en la psychologisant est une maîtrise « magique », puisqu'en réalité la nature reste la même, mais en même temps cette illusion nous permet de sortir de la peur et donc d'agir. Ainsi indirectement, nous pouvons avoir une certaine maîtrise de la nature.

[74] Freud, 2011, p.80.

[75] Spinoza, 1988, appendice de la partie I.

La religion repose sur un modèle infantile et illusoire

Freud va donner à tout ceci une explication par la psychanalyse : la naissance de la religion a un « modèle » infantile. La religion correspond à l'angoisse du petit enfant : le désarroi (*Hilflösigkeit*). En effet, l'enfant est dans une dépendance à la fois physique et psychologique : il n'a pas de défense et a besoin d'amour pour grandir. Aussi, la crainte et la demande d'amour qui président à la construction du petit d'humain, vont être projetées dans la religion. C'est elle qui à la fois va nous imposer des règles de comportement, la religion étant la première forme de morale mise en place par les hommes, règles auxquelles nous obéissons au risque sinon d'être punis. Mais si nous y obéissons, nous gagnons en retour la protection, et même la vie éternelle. Notre désir est alors réalisé : nous sommes aimés et nous n'avons plus rien à craindre. Mais il s'agit pour Freud d'une satisfaction illusoire. Il la compare avec celle qui se réalise par l'intermédiaire du rêve, sachant que tout rêve est la réalisation déguisée (imaginaire) d'un désir refoulé (inconscient). Ainsi, quand je rêve que je meurs et que j'ai très peur, il y a un retournement de situation, cela se transforme en paradis ! Et c'est la même chose avec la religion : elle transforme la peur de la mort en espérance d'un paradis et d'une vie meilleure. La peur de la mort peut alors être conjurée. La religion ne sert pas qu'à nous faire mieux supporter le monde dans lequel nous vivons, mais nous permet de supporter le tragique de notre condition d'être mortel.

Pourquoi la science ne réussit-elle pas à éliminer cette illusion ? La science « déshumanise la nature » (contre le finalisme et l'anthropomorphisme) mais laisse intact le désarroi de l'homme (notamment l'angoisse face à la mort). Ce qui explique que les religions se maintiennent alors même que leur valeur explicative de la nature a été réfutée. La triple mission des dieux demeure : nous protéger de la nature, de la caducité du corps et des difficultés de la vie avec les autres ! L'humanité aurait tout intérêt à substituer la raison aux croyances religieuses et on obtiendrait ainsi une meilleure réconciliation de l'homme avec la civilisation. Mais est-ce possible, si on suit l'analyse conduite ici ?

Toutefois, au fur et à mesure du temps et du progrès des connaissances, on s'aperçoit que les dieux n'ont aucune influence sur la nature ni sur la mortalité humaine, et qu'il nous faut bien admettre notre condition d'êtres finis. La religion ne sert plus alors qu'à remplir la troisième mission : nous dédommager des difficultés de la vie avec nos semblables, et elle prend alors un aspect exclusivement moral de prescriptions. En cela, elle permet à la civilisation de perdurer car la loi morale relèverait d'une puissance transcendante que nous devons craindre. En effet, à condition que nous nous comportions bien, la religion nous promet une vie meilleure après la mort et une récompense pour notre vie exemplaire. Comment sinon serait acceptable une vie faite de souffrance où règne l'injustice, où les méchants s'en sortent mieux ? Quel sens cela aurait-il ? La vie ne peut être aussi injuste. Aussi, peut-être que ma vie est difficile sur terre, mais si je me conduis bien je serai récompensé dans l'au-delà par un Dieu qui concentre toutes les qualités, qui est bon et nous protège. Et bien sûr les méchants seront punis et condamnés aux pires supplices. Nous ne pouvons ici que faire le rapprochement entre la religion et ce que Freud appelle le « travail » de la pulsion de mort. En effet, la pulsion de mort nous incite à retrouver un état antérieur inanimé, sans séparation et sans souffrance, car sans conscience. Cette pulsion aspire ainsi à une existence sans tension, sans conflits, à une sorte de « repos éternel ». C'est pourquoi sans doute les religions nous promettent-elles le « paradis », la béatitude : c'est la pulsion de mort à l'œuvre tournée vers l'individu. Quand elles menacent de l'enfer, c'est la pulsion de mort retournée en son contraire. Dans les deux cas, c'est l'opposé de la vie. Les religions, semble-t-il sans exception, sont mortifères. En attestent toutes les conduites de mortification comme l'auto-flagellation physique ou morale, les actes de contrition ou encore les guerres saintes dans lesquelles les hommes sont prêts à sacrifier leur vie, donc à mourir, au nom de la vie ! C'est en effet au nom du sacré, c'est-à-dire de ce qui à la fois fascine et répulse, que l'on fait des sacrifices, que l'on tue, que l'on se sacrifie ou que l'on sacrifie l'autre. Ainsi, autre exemple qui met en évidence le côté mortifère des religions, en Italie 70% des gynécologues obstétriciens sont objecteurs de conscience, c'est-à-dire qu'ils refusent de pratiquer l'avortement y compris l'avortement thérapeutique. C'est donc au nom de la vie qu'ils sont prêts, qu'ils laissent même, mourir des femmes. Comment ne peuvent-ils voir cette contradiction ? Comment peut-on se laisser aveugler à ce point ? Enfin, dans le même ordre d'idées, les catholiques et en particulier la hiérarchie catholique condamnent l'avortement au nom du droit à la vie. Mais ces religieux ont fait vœu de renoncer à donner la vie !

Il s'agit pourtant de comprendre que la valeur que les représentations religieuses présentent pour les hommes est : « le bien le plus précieux de la civilisation »[76]. Ces représentations sont estimées à un plus grand prix que les techniques utiles à la vie, car elles nous rassurent et nous consolent. Elles nous disent aussi comment nous devons nous conduire, nous disent ce qui est bien, ce qui est juste. Bref elles donnent du sens et de la valeur à l'existence. Ce qui explique pourquoi les hommes peuvent sacrifier leur vie pour des causes religieuses. Freud s'est surtout attaché à notre

[76] Freud, 2011, p.61.

civilisation et donc à la religion chrétienne. Mais le principe est le même dans toutes les religions. La croyance est la même, l'aveuglement aussi, puisque les représentations religieuses n'empêchent pas le mal et l'horreur de ce monde.

Aussi cette valeur que les hommes donnent aux représentations religieuses, pour Freud n'en est pas une. Il s'agit alors de s'interroger sur leur valeur réelle.

La religion a été inventée par les hommes pour se réconcilier avec la cruauté de leur destin.

La religion est donc selon Freud une création culturelle, mais est-ce au même titre que les autres productions humaines visant à assurer la survie humaine ?

En effet, autant on peut comprendre le processus progressif de la mise en place des techniques, des explications, des règles de vie, par les hommes eux-mêmes car tiré de leur expérience, de leur vécu, autant il est plus difficile d'accepter l'idée selon laquelle les hommes eux-mêmes auraient inventé la religion. Car c'est bien de cela dont parle Freud. Pour un croyant, la religion ne peut pas être « inventée » par les hommes, sinon c'est tout son édifice et son dogme qui s'effondrent. La religion est toujours ou une « religion naturelle », c'est-à-dire pour le dire vite qu'elle s'apparente à une forme de conduite morale comme on la trouve chez Rousseau, ou une « religion révélée » comme on la trouve dans les religions monothéistes. Pourquoi « révélée » ? Parce que si Dieu existe, la religion préexiste aux hommes et leur est révélée par un prophète, un messager (Moïse, Jésus, Mohammed) chargé de transmettre la bonne parole et d'indiquer les rites à pratiquer. Dans les trois monothéismes, nous trouvons ces constantes : un fondateur, des livres sacrés, un culte et une organisation sacerdotale. Du point de vue du croyant, cela n'est pas inventé par les hommes, mais « révélé » par Dieu par l'intermédiaire d'un élu. Donc évidemment, dire que la religion est créée au même titre que la civilisation heurte le croyant.

Pourtant, selon Freud, pour se protéger de leur caducité face à la nature, les hommes ont eu besoin d'inventer des explications, certes illusoires, mais rassurantes, afin que la pulsion de mort ne triomphe pas de la pulsion de vie. Cela explique pourquoi les hommes humanisent la nature pour la rendre moins étrangère et plus rassurante. Ils croient, par anthropomorphisme, retrouver dans la nature leurs propres intentions. Mais il ne s'agit pas là de l'expression d'une volonté supérieure, mais de la réitération d'un processus justement d'humanisation. En effet, le petit humain, pris à la fois dans une dépendance physique et une dépendance affective, a besoin de ses semblables pour survivre. Pour cela, il accepte de leur obéir, de renoncer à ses pulsions, et en contrepartie il obtient d'eux le soutien, l'amour, la reconnaissance et même les récompenses. Dans *Totem et tabou*, Freud a expliqué l'origine de la religion par l'analogie du rapport père/fils. Ainsi, la religion reproduirait ce rapport sublimé de protection : Dieu protège les hommes, comme le père protège son fils. La religion ne serait que le résultat de cette projection. Dans *L'avenir d'une illusion*, il semblerait que Freud donne une autre explication à l'émergence de la religion. Celle-ci ne serait plus issue de ce premier rapport, mais du sentiment d'abandon de l'enfant. Par analogie, c'est parce que l'homme se sent en déréliction, qu'il se tourne vers Dieu pour lui demander protection. En réalité nous dit Freud, il s'agit de la même chose : ce serait ce sentiment d'abandon qui ferait que l'enfant s'attacherait au père.

Enfin *Totem et tabou* était un début, une première approche, une première esquisse, mais l'*Avenir d'une illusion* ne vient pas en contradiction avec ce qu'il y a été dit. Éclairer, expliquer, préciser n'est pas se contredire. Ou en tout cas, il ne s'agit que d'une contradiction apparente, comme entre le contenu manifeste et le contenu latent d'un rêve qui finalement ne disent que la même chose. Ainsi, plutôt qu'une remise en question, l'*Avenir d'une illusion* est un prolongement, un approfondissement de *Totem et tabou.* Si l'enfant craint et en même temps admire son père, c'est parce qu'il se sent complètement vulnérable : il a donc peur de lui, mais a besoin également de sa protection : c'est la « motivation manifeste »[77]. Par transposition, ou par anthropomorphisme si naturel à l'homme, il projette cette peur et ce besoin de protection sur un être supérieur imaginaire : c'est la motivation latente. Tel est le raisonnement de Freud.

Plus précisément l'enfant tourne d'abord ses pulsions de vie vers la première personne qui s'occupe de lui, sa mère ou son substitut. C'est elle qui lui assure la satisfaction de ses besoins, il ne fait qu'un avec elle. Elle lui épargne souffrance et angoisse. Par transposition, les dieux de la nature assurent la même fonction : ils pourvoient à nos besoins et nous protègent, sans être séparés de nous. Mais l'enfant doit ensuite, pour s'humaniser, accepter la coupure d'avec la mère et accepter l'entrée dans le symbolique et sa loi : c'est le rôle du père. Ce dernier est tout autant admiré qu'haï : il représente à la fois le secours et la menace, c'est pourquoi les fils finissent par le tuer (voir *Totem et tabou*). Freud nous dit que « les indices de cette ambivalence du rapport au père sont profondément inscrits dans toutes les religions »[78]. On pourrait effectivement faire par exemple le parallèle avec le Christianisme, dont l'acte fondateur est la mise à mort du Christ.

S'ils se sentent menacés quand ils sont enfants, les hommes s'aperçoivent en grandissant que cette menace est inhérente

[77] Freud, 2011, p.68.

[78] Ibid., p.68.

à leur existence. C'est pour cela en quelque sorte qu'ils vont demeurer des enfants ayant besoin d'une protection supérieure. Ainsi, malgré toutes les inventions culturelles, y compris avec le progrès des techniques de maîtrise de la nature, la détresse humaine demeure et les hommes, de tous temps, ont ressenti ce besoin de protection, besoin de rendre supportable cette détresse. C'est le rôle que jouent les dieux. Ils ont pour tâche de nous réconcilier avec la cruauté du destin et de nous dédommager des souffrances et des privations que la vie en commun nous impose. Le Dieu unique, seconde étape, va concentrer toutes les qualités divines. C'est un père exalté, qui représente la nostalgie de ce père qui nous protégeait. Avec l'idée d'un Dieu protecteur, à la pensée d'un règne bienveillant de la Providence divine, l'angoisse humaine peut diminuer. Cependant, les idées religieuses sont des illusions, car elles représentent la réalisation des désirs les plus anciens de l'humanité (protection et amour) et ne tiennent pas compte des rapports de cette croyance à la réalité. La religion est ainsi une création humaine : les hommes ont produit l'idée dont ils avaient besoin et, oubliant ce processus de production, ils cèdent à l'illusion de l'existence objective de ce produit.

Ainsi, la religion permet de supporter les sacrifices exigés par la civilisation, en particulier le renoncement à l'expression des pulsions et à leur satisfaction. Marx ne disait rien d'autre lorsqu'il disait que « la religion est l'opium du peuple ». Cela ne signifie pas que la religion endort le peuple, le fait se tromper de monde, encore que…, mais qu'elle l'aide à supporter l'existence qui lui est faite par ceux qui le dominent. Et c'est pourquoi Marx ne dit pas qu'il faut supprimer la religion, mais qu'il faut supprimer les conditions pénibles d'existence qui contraignent les hommes à se tourner vers des chimères. Ce qu'il faut mettre en question, ce n'est pas d'abord la religion elle-même, mais ce monde créé par les hommes et qui a besoin de religion pour être supportable. Pourtant, si la religion semble exister de toute éternité et Dieu avec, sinon ce ne serait plus Dieu, c'est parce que l'idée religieuse apparaît avec l'humanité, au même titre que la technique et la parole, c'est-à-dire avec l'émergence de la conscience, avec la capacité de se représenter le monde et de se représenter soi-même dans le monde. Elle peut paraître éternelle, alors que pour Freud elle n'est en réalité que culturelle et se transmet par héritage, non par hérédité. Elle n'est donc pas une « révélation », sinon l'on ne s'expliquerait pas les différentes formes qu'elle a prises au cours du temps.

Il n'existe pas de preuves rationnelles de la religion, la religion est donc au-delà (en-deçà ?) de la raison.

Les représentations religieuses ne sont donc pas des vérités révélées qui nous préexisteraient. Les idées religieuses n'existent pas en dehors de l'esprit humain, elles en sont donc le fruit. Mais aux yeux du croyant, elles ne constituent pas une conséquence des réflexions humaines, puisque pour lui elles en sont au principe. En effet, les idées religieuses, qui peuvent représenter en quelque sorte une « solution » à notre détresse, sont des principes qui sont mis au départ de notre réflexion, mais principes dont nous avons oublié que nous les avons fabriqués pour faire la preuve du sens de notre existence et sans lesquels celle-ci serait proprement insupportable et injuste. Ces principes ont donc alors la plus grande valeur qui soit, tellement grande que nous leur donnons une valeur objective, c'est-à-dire que nous avons fini par croire qu'ils existent indépendamment de nous.

Aussi, nous pouvons dire que ce que l'on appelle axiomes ou principes en sciences se nomment dogmes en religion, dogmes que l'on est tenu d'admettre. En premier lieu selon l'argument d'autorité : on doit y croire parce que nos ancêtres y croyaient. L'argument d'autorité, par les anciens, est très conservateur : il conserve ce que les hommes se transmettent et qu'il ne faut pas mettre en question sous risque sinon de provoquer le chaos. De fait, jusqu'à l'invention du capitalisme toute société est foncièrement conservatrice, précisément parce que la société est très fragile et qu'un rien peut déchaîner la violence. Cependant, les hommes ne « fonctionnent » pas effectivement comme cela, en tout cas pas toujours. Si nous en étions restés à ce que nos ancêtres « savaient » et nous ont transmis, nous continuerions de croire que la terre est au centre de l'univers et les connaissances n'auraient pas progressé. Donc cet argument n'est pas acceptable : l'ancien n'a pas plus de valeur que le nouveau, il peut servir de point de départ, mais pas de point d'arrivée. Donc pour s'affirmer, la religion ne peut prétendre qu'elle existe parce qu'elle a toujours existé, c'est une pétition de principe, non un argument. En second lieu, nous pouvons affirmer que nous détenons des preuves. Mais tout dépend ce que nous appelons preuves : témoignages, écrits concordants, datés, miracles attestés, apparitions, révélations… Nous savons aujourd'hui que la bible que nous croyions datée du XIIe ou XIIIe siècle avant JC n'a été écrite qu'entre les VIIIe et IIe avant JC, ce qui laisse malgré tout une grande marge expliquant les couches successives qui constituent ce texte… De plus, ces textes sont contradictoires, parfois d'une page à l'autre, ont été falsifiés, etc. Ils sont donc difficilement recevables. Ces preuves ne reposent en réalité que sur des ouïes-dires et donc, par définition, ne sont pas des preuves. Enfin, il est hors de question d'interroger ces dogmes sous risque d'être accusé de blasphème. En science, une proposition infalsifiable, c'est-à-dire une proposition qu'on ne peut pas interroger pour en vérifier la solidité ou la faiblesse, n'est pas une proposition recevable. C'est une proposition qui ne relève pas d'un savoir rationnel, mais de la simple affirmation, de la simple croyance. Et c'est donc bien de cela qu'il s'agit ici. Aussi, si la religion refuse le questionnement de ses dogmes, c'est justement parce qu'ils ne reposent pas sur des justifications rationnelles, et qu'elle le sait très bien. Plus exactement, notre Inconscient a enfoui tout au fond de lui, a « oublié » que c'était les hommes qui avaient inventé l'idée dont ils avaient besoin, et comme dans la névrose, le sujet détient un savoir dont il ne veut pas avoir connaissance, il le refoule car il mettrait trop en péril son existence. Or la religion se présente comme ce qui fonde notre humanité et le sens de notre existence. Ce qui est pour le moins problématique.

Cela l'est d'autant plus que bien évidemment les hommes, au long de l'histoire, ont eu des doutes. Certains les ont assumés et l'ont parfois payé de leur vie. D'autres ont développé des névroses… Il ne faut pas oublier que dans l'histoire, la religion a quasiment toujours été l'alliée du pouvoir et par là-même un instrument de domination.

Donc il faudrait qu'au moins l'un de ces dogmes soit prouvé pour qu'on y croie ! Si les preuves venues du passé ne peuvent y prétendre, tournons-nous vers le présent. Le premier « argument », et non pas des moindres pour les croyants est celui qui consiste à affirmer que l'âme existe en dehors du corps et est donc immortelle. Les *« spiritistes »* affirment en donner une preuve expérimentale (les tourneurs de tables qui s'adressent à l'esprit des morts !). Mais ce ne sont que des niaiseries, même si des grands hommes leur ont donné crédit (par exemple Victor Hugo ou le colloque de Cordoue de 1979 qui prétendait faire de la kinesthésie et de la transmission de pensée des objets de savoir scientifique !).

Comme il n'y a visiblement pas de preuves, chassons le problème : *credo quia absurdum* ! Et voilà le tour de force : la religion est au-delà de la raison, la foi n'est pas rationnelle, c'est un acte de grâce, une expérience intérieure !

Donc pas besoin de preuve, et seul celui qui n'est pas touché par la foi la réclame. A celui qui est illuminé, la puissance de Dieu suffit. Du réel on passe à l'imaginaire, de la physique on passe à la métaphysique. Mais cette expérience est par définition incommunicable. Et malheureux celui qui n'est pas touché par la grâce. Cela dit, cela signifie aussi qu'il n'en est pas responsable et que n'est pas croyant qui veut. D'où aussi l'absurdité de vouloir convertir les hommes sans leur consentement. Mais le fanatisme n'est pas la vraie religion nous disent les croyants.

Enfin, l'homme ne peut connaître que des objets susceptibles d'expérience, c'est-à-dire qui *existent* réellement. Ce qui « existerait » hors du champ de l'expérience ne peut pas être déclaré complètement impossible, mais ne peut être prouvé. Pourtant, nous avons l'idée d'âme, l'idée de liberté, l'idée de Dieu… Ce sont des idées qui viennent de la raison nous dit Kant, idées qui sont des principes régulateurs qui nous indiquent comment agir, mais qui ne nous assurent pas de connaissance, pas d'explication. Le « parce que » doit laisser place au « comme si », la raison doit laisser place à la foi.

Toutefois, si un philosophe peut se satisfaire de ce genre de principe théorique, il n'en va pas de même pour le commun des mortels. En effet, justement parce qu'ils sont mortels et que cette condition leur fait horreur, ils ne peuvent accorder de crédit à celui qui demanderait de faire comme si c'était vrai. Cette peur est tellement ancrée en nous, que ce genre de demande pourrait provoquer, non seulement leur dédain, mais leur colère, car on ne plaisante pas avec des choses aussi sérieuses !

Au regard de la raison, les dogmes religieux n'ont aucune valeur. Pourtant, malgré le manque de preuves, les preuves apparemment contraires, parfois même l'absurdité de leurs affirmations, les dogmes religieux perdurent et la raison semble ne rien pouvoir contre eux.

Ceci met en évidence un épineux problème et montre que la religion peut être à la fois nécessaire car elle a des causes, et absurde quant à son contenu.

Illusion et illusion délirante.

Nous voici parvenus à un constat qui semble indépassable : malgré leur manque de crédibilité, malgré leur manque d'assises rationnelles, les représentations religieuses ont exercé une forte influence sur l'humanité, et continuent d'exercer cette emprise malgré les avancées de la science qui auraient dû nous sortir de ce modèle infantile et illusoire. C'est pourquoi Freud affirme qu'il s'agit là non pas d'un problème cognitif, mais d'un problème psychologique. Ce à quoi nous nous heurtons relève de nos représentations psychiques, indépendamment de nos élaborations rationnelles. Et ceci révèle un problème fondamental et crucial : en quoi consiste la force interne de ces dogmes, puisqu'ils semblent « déborder » la raison et à quelles circonstances ces dogmes « doivent leur efficacité indépendante de leur reconnaissance par la raison. » [79] ?

Comme nous l'avons vu, les représentations religieuses reposent sur un modèle infantile. Si l'on se souvient, nous avons fait un parallèle entre le désarroi du petit humain et le secours que l'homme peut trouver dans la religion. Comme l'enfant cherche à être protégé et aimé par son père, l'adulte cherche à être protégé et aimé par Dieu. Dans la croyance religieuse se réalise le désir d'être aimé et de ne plus rien avoir à craindre. C'est pourquoi, la croyance religieuse ne relève ni de l'expérience, ni de la raison. Elle n'est

[79] Freud, 2011, p.77.

pas liée à un quelconque vécu qui permettrait de conclure qu'il est plus judicieux de croire que de ne pas croire. Par exemple, on pourrait imaginer que les hommes pieux ont une vie meilleure, une destinée plus heureuse, ce qui nous inciterait à penser qu'il est de notre intérêt d'être croyant et de faire comme eux. Or l'expérience nous montre bien que le fait d'être croyant ne nous épargne en rien les affres de la vie terrestre ! : « Et, bien que l'expérience protestât chaque jour et montrât par une infinité d'exemples que les avantages et les inconvénients échoient indistinctement aux pieux et aux impies, ils ne se sont pourtant pas défaits de ce préjugé invétéré. »[80]. De même, ce n'est pas non plus l'exemplarité des croyants qui pourrait nous inciter à avoir la foi, car comme le dit encore Spinoza : « Je me suis souvent étonné que des hommes qui se vantent de professer la religion chrétienne, c'est-à-dire l'amour, la joie, la paix, la maîtrise de soi-même et la bonne foi envers tous, rivalisent d'iniquité et exercent chaque jour la haine la plus violente les uns contre les autres, de sorte qu'on reconnaît la foi de chacun par cette haine et cette iniquité plutôt que par les autres sentiments. Les choses en sont maintenant venues au point que l'on ne peut reconnaître si quelqu'un est chrétien, turc, juif ou païen, si ce n'est par l'aspect extérieur du corps et par le vêtement, et en sachant quelle Église il fréquente, à quelle opinion il se range, dans les mains de quel maître il jure. Pour le reste, ils mènent tous une vie semblable. »[81]. Donc ce n'est pas l'expérience qui nous incite à admettre les dogmes religieux. Ce n'est pas non plus la raison nous dit Freud. En effet, un peu de réflexion pourrait nous faire prendre conscience, sinon de l'absurdité, tout au moins du manque de preuves rationnelles. Non, la raison est hors-jeu, il ne peut y avoir de foi dans les limites de la simple raison,

[80] Spinoza, 1988, Appendice de la partie I.

[81] Spinoza, 1999, préface.

contrairement à ce que semble vouloir Kant. Quand bien même celle-ci voudrait s'y pencher, les dogmes religieux l'en défient. Reste alors l'illusion, assise sur l'une de nos plus fortes passions : la crainte. Pour rappel, la passion c'est que ce l'on subit, c'est la passivité par opposition à la volonté active. Nous subissons la crainte et nous ne désirons qu'y échapper. Voilà le nœud de l'explication. Nous connaissons un tel désarroi face à notre condition d'être fini, que nous cherchons désespérément une « solution » pour échapper à cette déréliction. Nous ne supportons pas l'idée de notre irrémédiable fin, ce refus est tellement fort qu'il entraîne la production de représentations qui dépassent l'entendement, parce que justement notre souffrance dépasse l'entendement ! L'angoisse de la mort n'est pas la peur de la mort. Cette dernière renvoie à la manière dont les choses vont se passer : vais-je me rendre compte ? Vais-je souffrir ? Cela va-t-il durer longtemps ? L'angoisse de la mort est bien plus radicale et plus insupportable. Elle renvoie au fait que maintenant, j'éprouve qu'il y aura un présent qui ne sera pas *mon* présent, et qui sera sans moi. L'angoisse de la mort révèle une véritable détresse à laquelle nous tentons sans cesse d'échapper : en nous divertissant, comme le disait Pascal, c'est-à-dire en nous distrayant, en nous intéressant à des choses vaines et futiles, en consommant, mais aussi en travaillant, en réfléchissant et en croyant… C'est pourquoi à propos des représentations religieuses, Freud peut dire que : « le secret de leur force est la force de ces désirs » [82], désirs d'être protégés et d'être épargnés, comme si cela pouvait être possible !

Le processus qui se met en œuvre est le suivant : par une sorte de projection, nous passons du père protecteur réel, au Père que l'on appelle Dieu (à noter la surabondance de

[82] Freud, 2011, p.78.

figures parentales dans l'église : « mon père », notre « sainte mère l'église » ...). Ce dernier rachète tous nos sacrifices, tous nos renoncements pulsionnels en nous promettant une vie meilleure et éternelle. La religion nous donne en plus réponse à toutes nos questions les plus cruciales : l'origine du monde et de la vie, le lien entre l'âme et le corps. Dieu a ainsi créé le monde et l'homme dans ce monde. Il a pourvu celui-ci non seulement d'un corps, mais aussi d'une âme. Or c'est celle-ci qui lui permet de penser sa condition dans le monde. Et cela tombe bien, c'est justement elle qui est éternelle ! Non seulement on gagne en éternité, mais on gagne en sens. Que désirer de plus ?

Le problème est que tout cela n'est qu'illusion. L'illusion n'est pas l'erreur. Cette dernière a à voir avec la connaissance. L'erreur est en quelque sorte « innocente », elle est involontaire et, si je puis dire, elle est de bonne foi. Je peux commettre une erreur de raisonnement, cela signifie que je me trompe dans le cheminement de mon raisonnement, mais en aucun cas je ne cherche par exemple à tromper ou à séduire. Quand Aristote dit que l'ordure produit la vermine, c'est parce qu'il n'a pas d'autre hypothèse à sa portée pour expliquer la pourriture, son but n'est pas de nous faire errer. Il faudra attendre Pasteur pour savoir qu'il n'y a pas de génération spontanée, mais qu'il s'agit là d'une fermentation bactérienne. De la même façon, le système géocentrique de Ptolémée est un système parfaitement cohérent, qui a servi de modèle explicatif pendant des siècles. Sa seule faiblesse était qu'il était faux ! Ici non plus, il n'y avait aucune intention de tromper ou de maintenir dans l'ignorance. Face à une nature qui ne nous parle pas, les hommes essaient de trouver des explications. Celles-ci peuvent être erronées, elles peuvent produire des jugements faux sur une réalité qui est alors mal interprétée. Pour faire simple, on pourrait dire que l'erreur est une mauvaise explication du monde, une explication qui ne décrit pas la réalité.

L'illusion n'est pas non plus volontaire. L'illusion se trompe de monde, elle signifie « se jouer de… » en latin, *ludere.* Elle est d'ordre psychologique et renvoie au désir : on voit ou on croit ce que l'on a envie de voir ou de croire, mais si l'on peut dire encore, sans mauvaise foi. En quelque sorte, l'illusion est sincère. J'ai beau savoir que le soleil est bien plus gros que la terre, il n'en demeure pas moins que je continue à le percevoir comme s'il était plus petit. Et le désir fonctionne de la même façon. Il est parfois si fort qu'il parvient à déformer la réalité. Et ce n'est pas pour rien que nous avons souvent tendance à prendre nos désirs pour la réalité. Cette dernière nous résiste tellement, que nous tombons parfois dans l'illusion qu'elle a enfin cédé. Ça y est, j'ai découvert une nouvelle voie pour aller aux Indes ! J'y ai mis tant de temps, tant d'ardeur, tant d'espérance et tant d'autres choses, que lorsque j'aperçois la terre, il ne peut s'agir que de l'Inde. Rien ne peut me détromper, et je suis absolument sincère. La particularité de l'illusion, c'est donc qu'elle cède au désir. Quand je m'illusionne sur quelqu'un, je ne le vois pas tel qu'il est mais tel que j'aimerais qu'il soit. On a beau me détromper, lui-même peut même se comporter de telle sorte que je ne puisse que convenir qu'il n'est pas celui que je crois voir, il n'en demeure pas moins que je continue à m'aveugler, parce que mon désir est si fort qu'il plie la réalité à ce qu'il souhaite qu'elle soit. L'illusion se trompe de monde, se trompe sur le monde, mais elle n'y peut rien !

L'illusion n'est d'ailleurs pas nécessairement erronée. Je peux me faire des illusions sur moi-même, croire que je suis capable de telle ou telle chose sans que cela ne se réalise dans l'immédiat, mais que cela se réalise un jour, pourquoi pas ? Et puis heureusement que nos désirs se réalisent parfois !

Mais Freud fait une autre distinction encore et évoque l'idée délirante, laquelle est en contradiction avec la réalité, ce que n'est pas nécessairement l'illusion en général. On a pu par exemple s'illusionner pendant longtemps avec l'idée qu'on irait marcher sur la lune. Pendant très longtemps, cette idée n'a été qu'une illusion, répondant à un désir, mais dont les moyens de sa réalisation étaient tellement éloignés des hommes, qu'elle pouvait bien apparaître comme illusoire. Or depuis 1969, cette illusion est devenue réalité. Ce n'est donc pas tant le désir, ni l'illusion qui sont problématiques, mais l'illusion délirante attachée à un désir complètement irréaliste. Et c'est à cela que veut en venir Freud à propos de la religion. Ainsi les dogmes religieux sont des illusions et ils peuvent même être considérés comme des illusions délirantes. Ils sont des illusions car ils répondent à nos désirs (désir de protection, désir d'immortalité, …). Et ce sont des illusions délirantes, car ils sont en totale contradiction avec la réalité et avec les connaissances que nous avons élaborées au sujet de cette réalité grâce aux sciences. Les miracles ne sont des miracles que parce que justement ils contredisent les lois de la physique. C'est la science qui nous permet de donner une explication aux phénomènes naturels, car l'esprit humain est capable de concevoir des lois qui expliquent leurs relations. Les croyances religieuses, dans leur principe, sont irréfutables, infalsifiables comme dirait Popper. On ne peut certes pas prouver qu'elles sont vraies, mais ni non plus qu'elles sont fausses car elles ne sont pas susceptibles d'expérience. Elles ne sont que le fruit de nos divagations. Et il ne s'agit pas d'accepter ce qui nous convient et de rejeter ce qui ne nous agrée pas, c'est dans son principe que la religion est une illusion, car elle est l'émanation de nos craintes, et rien d'autre.

Évidemment, on pourrait comme le fait Freud « rebondir » sur cette idée : la raison ne peut pas réfuter les croyances religieuses. D'ailleurs, tellement de gens y croient ! Cependant, le consensus n'a jamais été une preuve du vrai et il ne faut pas ici commettre d'erreur logique. Ce n'est pas parce que l'on ne peut pas prouver qu'une chose est fausse, qu'elle est nécessairement vraie ! A l'instar de Kant, je ne peux pas prouver que la licorne n'existe pas, mais ça ne veut pas dire pour autant qu'elle existe ! Comme le dit Spinoza, on ne peut accepter cette nouvelle manière d'argumenter, à savoir : « la réduction, non à l'impossible, mais à l'ignorance »[83] ou comme le dit Freud : « L'ignorance est l'ignorance ; on ne saurait déduire d'elle aucun droit de croire quelque chose. »[84]. Quelle magnifique phrase ! L'illusion est involontaire rappelons-le. Et si je me mets à douter, je ne peux plus faire semblant que je doute, comment sincèrement puis-je croire parce que c'est absurde (*credo quia absurdum)* ? Comment puis-je à ce point vouloir humilier la raison ? Pour Freud tout cela n'est au fond qu'hypocrisie. Il s'en prend aux philosophes qui n'ont pas osé affirmer que Dieu n'existe pas, qui en ont fait une entité abstraite. On peut penser en effet aux Déistes comme Voltaire, mais avant eux Descartes ou Leibniz font de Dieu un grand horloger ou un grand organisateur. Spinoza parle de « Dieu ou la Nature » peut-être pour ne pas avouer trop ouvertement son naturalisme radical. Sans vouloir trop défendre ces auteurs, au XVIIe siècle l'inquisition existe toujours (Galilée passe devant le tribunal de l'inquisition en 1632). Et il n'est pas si simple d'aller à l'encontre des idées ancrées tellement profondément dans les hommes. Cet écrit de Freud au XXe en est encore la preuve indirecte. Mais il a raison, le Dieu des Philosophes n'a plus grand-chose à voir

[83] Spinoza, 1988, appendice de la partie I.

[84] Freud, 2011, p.82.

avec celui des religions. Enfin, ceux qui affirment que l'homme n'est presque rien ne sont pas comme on le croit les plus religieux, puisque la religion est là justement pour sauver les hommes, êtres qui ont tant de prix et qui n'ont pu être simplement abandonnés sur cette terre. C'est le mécréant qui croit que l'homme n'est rien, ou pas grand-chose, et qui l'accepte.

Nul besoin de religion, la civilisation peut prendre appui sur la connaissance seule

La religion, puisqu'elle est une illusion, nous donne une explication erronée du monde, explication influencée par notre désir d'être épargné.

Cependant si la religion est illusion, comment pouvons-nous être certains que tout ce à quoi nous adhérons échappe à l'illusion, que ce soit en termes d'institutions politiques ou en termes de connaissance scientifique ? Et pourquoi ne pourrait-on pas se tourner vers le sujet et l'interroger comme on interroge le monde extérieur ? Sans en avoir nécessairement conscience, Freud nous indique deux facultés qui nous permettent de trancher entre illusion et réalité, deux facultés depuis longtemps reconnues par les philosophes : la raison et l'expérience. Celles-ci ont souvent été séparées, avec d'un côté les rationalistes, de l'autre les empiristes. Pour les premiers, la raison suffit pour connaître et, pour les seconds, seule la perception est suffisante. En réalité, il faut concilier les deux pour échapper justement à l'illusion d'une raison toute puissante et aux illusions de la perception (je vois bien le mirage, mais il n'en reste pas moins un mirage, comme je ne perçois pas que la terre bouge, et pourtant elle bouge). Celui qui a concilié ces deux facultés, c'est Kant. Celui-ci nous a montré que l'expérience est nécessaire à la connaissance, sinon celle-ci est vide de contenu, mais elle doit être interprétée par les catégories de notre entendement (ou de notre raison) pour avoir du sens. De fait, depuis Descartes, nous savons que pour connaître, il faut un sujet qui connaît, il faut un sujet face au monde. Mais depuis Kant, nous savons que la connaissance est humaine, qu'elle ne nous préexiste pas et qu'elle dépend de nos facultés. Si nous étions dotés de facultés différentes, nous aurions une autre connaissance du monde, le monde restant pourtant identique à lui-même. C'est pourquoi Freud a raison lorsqu'il dit : « rien ne doit nous retenir d'approuver que l'observation se tourne vers notre propre nature et que la pensée s'emploie à sa propre critique »[85]. C'est exactement l'entreprise de Kant : déterminer les capacités et les limites de la raison, d'où la nécessité de sa critique. La connaissance dépend de nous, elle n'existe pas a priori, elle dépend donc de nos facultés. En admettant cela, on voit immédiatement les enjeux : rien n'est plus sacré en tant que tel, mais nous-mêmes, les humains, nous élaborons une « vision du monde »[86]. Le monde est notre interprétation en fonction des facultés dont nous disposons. Il n'est plus nécessaire de produire une explication et une justification dogmatiques et il faut faire place à la raison critique. Il y une différence notable néanmoins : Freud envisage tout cela d'un point de vue psychanalytique avec la dimension de l'Inconscient, alors que Kant aborde la question uniquement à partir de la pensée réflexive. Mais dans les deux cas, on sort du dogmatisme pour entrer dans la pensée critique.

Et c'est justement ce que l'on reproche à Freud. En effet, mettre en question les dogmes relève, quoiqu'on en pense, du blasphème pour celui qui est croyant. Les dogmes sont sacrés et par définition ne peuvent et ne doivent pas être

[85] Freud, 2011, p.84.

[86] Ibid., p.84.

interrogés. De plus, il ne faut pas mettre en question les croyances religieuses, dans la mesure où la grande majorité des hommes y croit et que cette croyance permet à la civilisation de subsister. En effet, si les hommes ne sont plus arrêtés par les interdits religieux, ils vont donner libre cours à leurs pulsions et c'est la fin de l'espèce humaine ! Donc peu importe que les dogmes religieux soient vrais, l'essentiel est qu'ils soient efficaces. Peu importe que les hommes soient maintenus dans l'ignorance, d'ailleurs la science ne résoudra pas tout, l'essentiel est que leur espèce perdure. Peu importe leur liberté, pourvu qu'ils soient maintenus dans l'illusion sous couvert de les protéger. On ne peut s'empêcher de remarquer ici le mépris des hommes, mais aussi l'absence de sens dans tout cela dès qu'on s'y attarde un peu, et c'est sans doute ce que cherche à mettre en évidence Freud. D'ailleurs il reconnaît que de grands philosophes avant lui ont essayé de déciller les hommes, sans grand succès, puisque ces derniers sont toujours aussi « empêtrés » dans leurs croyances et dans leurs illusions. Seulement, son angle d'attaque est différent, il est d'ordre psychologique. Ce qui en soi est intéressant, puisque cela ne contredit pas les positions philosophiques, mais au contraire les renforce. Pourtant, Freud reconnaît que sa position n'est pas véritablement dérangeante, que les croyances sont tellement prégnantes, qu'elles vont résister sans doute une fois encore aux attaques dont elles font l'objet.

Pourquoi alors risquer la critique, pourquoi s'embarrasser à écrire et à susciter la désapprobation, si l'on est persuadé que cela n'aura aucune portée ? On pourrait répondre que c'est d'abord par souci moral, par souci du vrai. On peut ne pas être croyant, mais se croire redevable envers ses semblables. Mais c'est aussi parce que Freud est convaincu que la croyance religieuse va se révéler plus néfaste que bénéfique à la civilisation. Rétrospectivement, on peut difficilement lui donner tort. Certes, la religion a rendu des services à l'humanité nous dit Freud, mais elle est loin de l'avoir rendue heureuse ! Les hommes continuent à s'entre-tuer en son nom. Les dogmes religieux n'ont pas rendu les hommes meilleurs, on peut même penser qu'ils les ont rendus plus mauvais : envieux, assoiffés de pouvoir et de domination, violents, intolérants, on pourrait continuer la liste. Les croyants opposent à cet argument l'idée que c'est parce que les hommes ne sont pas assez pieux, qu'ils ont remplacé la foi par la science. Mais si les hommes ne sont pas assez croyants, c'est que la religion n'est pas assez forte ! C'est qu'elle contient un vice intrinsèque. On connaît bien l'argument utilisé par les hommes de foi : ce n'est pas Dieu qui est mauvais ou insuffisant, mais ce sont les hommes que Dieu a justement faits libres ! Mais s'il les a faits libres, il faut bien accepter qu'ils s'interrogent, quitte à mettre en question les dogmes religieux. Il faut être conséquent jusqu'au bout : on n'est pas un peu libre en fonction de ce qui nous arrange, on est libre ou on ne l'est pas.

En réalité, ce n'était pas mieux avant et ce n'est pas la science qui a modifié foncièrement notre rapport à la religion. Comme nous l'avons déjà remarqué, la religion n'a jamais rendu les hommes plus heureux, ni plus moraux. Elle a dû toujours user de stratagèmes pour maintenir l'homme sous sa coupe, comme si les hommes n'avaient jamais vraiment cru, ou pas vraiment sincèrement, en ses préceptes. Il a toujours fallu « jouer » avec les impératifs, les temporiser pour qu'ils soient acceptables ou même simplement réalisables. Aussi, la religion exige mais pardonne, a des idéaux très élevés mais n'oublie pas que l'homme est petit, etc. Bref, elle fait sans cesse des concessions à l'homme, être si faible et si fragile, et en même temps si mauvais et si redoutable. Elle ne peut donc s'en prendre qu'à elle-même quand sont mises en évidence ses faiblesses.

On ne sait pas trop si Freud a lu Nietzsche, mais toujours est-il qu'il semble s'inspirer directement de l'âpre critique de la religion, et en particulier du christianisme, que fait Nietzsche dans la *Généalogie de la morale*. On peut y penser notamment par cette référence faite aux prêtres. Reprenons rapidement la généalogie faite par Nietzsche. Les « bons », ceux que la religion désigne comme tels, sont en réalité les faibles, qui sont incapables de vivre debout sans béquilles. Aussi, le christianisme invente des valeurs qui vont à l'encontre de la vie, qui s'opposent à la libre expression des pulsions, qui méprisent le corps et tendent à supprimer les passions, alors qu'attaquer ces dernières, c'est attaquer la vie à sa racine. Ces valeurs sont la compassion, la pauvreté, l'humilité, la chasteté... qui vont justement valoriser les ratés et les faibles, ce que l'Église appelle les « bons ». En fait, ceux qui veulent lutter contre les désirs, les nier, sont ceux qui sont trop faibles pour imposer une mesure à ces désirs. Et c'est ainsi que le Christianisme transforme l'inaptitude à résister en morale. Aussi, les faibles, dans cette morale, sont les meilleurs, sont les « justes ». Sur terre, les faibles sont les « bons », et au jugement dernier, les « méchants » seront damnés et endureront des souffrances éternelles. La morale chrétienne est une morale du ressentiment, de la vengeance contre les « forts ». L'amour chrétien, la pitié, sont engendrés par la haine. Haine des autres, mais aussi haine de soi. Et nous retrouvons une fois de plus la pulsion de mort. En effet, avec l'introduction de la notion de pêché, l'homme se rend malheureux, il doit expier et se faire pardonner sa nature faible, au fond se faire pardonner son existence. L'homme doit souffrir, il a besoin des prêtres pour être absout. Ce Dieu est un Dieu qui punit. Le « Jugement dernier », l'« immortalité de l'âme » sont des instruments de torture, au moyen desquels les prêtres sont devenus les maîtres. Le pêché est une forme d'auto-avilissement de l'homme et inventé pour rendre impossible la science et la culture, car par la science l'homme pourrait vouloir se rendre l'égal de Dieu et donc cela entraînerait la « mort » de Dieu. Quand Nietzsche affirme en effet que « Dieu est mort », Dostoïevski fait dire à Aliocha dans les *Frères Karamazov* que « si Dieu n'existe pas, tout est permis ». C'est l'argument classique qui veut que sans religion, aucune morale n'est possible, comme si la morale avait nécessairement besoin d'un fondement métaphysique. En réalité, c'est l'inverse, c'est parce que je crois que Dieu existe et qu'il me pardonnera que je m'autorise tout. Quelle responsabilité imputer à un être qui sera de toute façon lavé de tous ses pêchés ? Si au contraire je crois que Dieu n'existe pas, c'est face à ma conscience que je me retrouve, « sans excuses » comme dit Sartre. On peut croire que c'est la religion qui rend possible la morale, parce que le croyant craint la colère de Dieu et le châtiment. Mais comme le souligne Freud, les religions ont toujours cherché des accommodements pour rendre supportable la contrainte. S'il avait fallu aux hommes se comporter comme l'exigent de façon intransigeante les préceptes religieux, la religion aurait sans doute disparu depuis longtemps. La croyance en Dieu peut ainsi tout justifier. Au mieux, son effet moral est neutre. Aussi, si la religion a moins d'audience, comme c'était le cas à l'époque de Freud, c'est peut-être tout simplement parce qu'elle a peu d'efficience. Et c'est sans doute lui accorder beaucoup trop de puissance que de croire que sans elle, la civilisation est impossible.

La liberté humaine suffit à fonder la morale

Freud ne se contente donc pas d'une analyse des mécanismes psychiques qui amènent les hommes à croire en une puissance surnaturelle. Il en tire les conséquences gnoséologiques et axiologiques, et non plus seulement psychanalytiques. C'est en cela que Freud intéresse particulièrement la philosophie.

Les conséquences axiologiques que Freud tire de son analyse renvoient à la liberté et à la responsabilité des hommes. De fait, on peut penser aussi que c'est la liberté humaine qui rend la morale effective. Qu'il n'est pas toujours besoin d'avoir un censeur pour nous surveiller et nous punir le cas échéant. De toute façon, et là encore c'est Freud qui nous a expliqué cela, nous avons intégré nous-même notre petit censeur personnel sous forme de Surmoi. Finalement ce que se demande Freud est : quelles sont les conditions pour une morale possible, sachant que celle-ci s'avère nécessaire pour la survie de l'espèce humaine ? Les hommes ont-ils besoin de se sentir menacés pour bien se conduire ? Cette menace doit-elle nous dépasser, doit-elle être transcendante ? A sa façon, Freud retrace également une généalogie de la morale, mais dont il trouve l'origine, non pas dans un Être supérieur, mais dans la constitution humaine elle-même. Il redonne à l'homme son propre fondement. Bien sûr, Freud ne défend pas l'idée d'une liberté humaine qui ne dépendrait de rien. Freud est un scientifique et le déterminisme est au principe de toute science. Nous ne décidons pas, en tout cas pas complètement, de ce que nous sommes. Nous sommes ce que les autres font de nous, comme le dit Henri Laborit, *« nous sommes les autres »*, mais avec les autres. Nous sommes des êtres de désir et nous devons composer avec nos pulsions et celles des autres. Pour cela, peut-être n'est-il pas besoin de faire appel à quelque chose qui nous dépasse. Peut-être que l'éducation, l'intégration de normes et le renoncement à un certain nombre de pulsions est-il suffisant, à condition que ce renoncement soit compensé par des satisfactions narcissiques idéales. D'ailleurs, n'est-ce pas comme cela que l'on définit la civilisation : mise en place de normes de conduite, d'institutions et de savoirs, afin de permettre à notre espèce, non seulement de survivre, mais de vivre le plus dignement possible ? Là où veut en venir Freud c'est que l'humanité peut se passer de la religion. Elle a été un moment de notre histoire, peut-être pas nécessaire d'ailleurs, aussi ose-t-il : « il faut bien se demander si nous ne surestimons pas sa nécessité pour l'humanité et si nous faisons bien de fonder sur elle nos prétentions à la civilisation. » [87]. Peut-être peut-on encore aller plus loin et se demander si aujourd'hui, la religion n'est pas plus un facteur de barbarie que de civilisation. En effet, au nom de croyances qui peuvent bien sembler délirantes, certains hommes essaient d'imposer leur « complexion » aux autres. Si Freud sort de ce qui est proprement psychanalytique, la religion sort aussi de ses prérogatives. À moins justement qu'elle n'ait jamais eu pour but que d'imposer des normes de conduite aux hommes en vue que de les soumettre aux puissants. Et comme c'est une des composantes de leur psychisme que de « combattre pour leur servitude comme s'il s'agissait de leur salut »[88], la boucle est bouclée.

La science nous permet de nous passer de la religion

Seule la science, plus largement le savoir, peuvent-ils nous tirer des superstitions religieuses. Non pas parce que celles-ci ne fonctionnent plus, mais parce que les connaissances ont augmenté et ont mis en évidence la vacuité des représentations religieuses. En tout cas, aujourd'hui, nous avons tendance à dire qu'il ne faut pas les prendre au pied de la lettre, qu'il s'agit là d'images pour mieux nous faire comprendre des idées et que l'on est plutôt dans le symbolisme que dans la réalité. La science nous a appris en effet que ce que nous croyions auparavant vrai n'était qu'illusion. Dans

[87] Freud, 2011, p.90.

[88] Spinoza, 1999, préface.

L'inquiétante étrangeté (1919), Freud explique que les hommes ont dû faire face à trois humiliations de la part des sciences. La première est la découverte de l'héliocentrisme (1543) qui nous apprend que la terre n'est pas au centre de l'univers et qu'en plus elle bouge. La seconde est la théorie de l'évolution (1859) qui nous révèle que nous avons des ascendances animales. La troisième est, selon Freud, la découverte de la psychanalyse qui nous dit que le « moi » n'est pas le maître dans sa propre maison. Chacune de ces découvertes a pris à chaque fois le contre-pied de ce que la perception nous indique, mais en même temps aussi le contre-pied de ce que nous affirmait la religion. D'ailleurs, il semblerait même que l'on se soit aperçu, grâce à la paléontologie et à la préhistoire, que nos croyances étaient inspirées directement de la manière dont nos ancêtres comprenaient la réalité. Or disposant de peu de connaissances, ils avaient une vision magique du monde. « *Ha brakha dabra* » signifierait en hébreu « la bénédiction a parlé », autrement dit « que cela soit comme cela a été dit ». Nous savons depuis longtemps que le monde n'est pas magique, pourtant la pratique religieuse a gardé cette caractéristique (prière, offrande, etc.). Ce qui ne pourrait tendre qu'à mettre en évidence que la religion ne nous apporte aucun savoir, qu'elle ne fait que s'appuyer sur ce que nous percevons. Elle n'est donc qu'ignorance. La croyance, degré inférieur de connaissance puisque limitée à la perception, constitue un obstacle à la connaissance rationnelle. En effet, croire c'est « refuser de savoir » ce qui est vrai. Ainsi, toute espèce de foi est synonyme d'abdication, d'auto-aliénation. Toute forme de croyance s'oppose à la vérité, elle est donc mensonge et illusion. Et Freud ne dit rien d'autre que cela.

A l'inverse, la science s'appuie sur la démonstration, sur la preuve et l'expérimentation. Face à des affirmations auto-justifiées, elle est, dans un premier temps, démunie. En effet, la science oppose des savoirs à des croyances. Et comme la définition d'un savoir est qu'il peut être confirmé ou par la démonstration ou par l'expérience, les esprits rationnels ne peuvent faire autrement que de le reconnaître quand il est avéré. Plus la science progresse, plus la croyance religieuse devrait reculer, car la première est en mesure de donner des explications rationnelles alors que la seconde ne s'appuie que sur des pétitions de principe. La science peut dater les faits, peut expliciter les lois des phénomènes, la croyance religieuse ne peut que « raconter des histoires » ou des mythes.

Freud cherche donc à s'opposer à l'obscurantisme. C'est notre combat également, combat d'autant plus urgent que l'obscurantisme revient en force. Que l'on pense : 25% des étudiants américains adhèrent au Créationnisme ! Et on entend déjà la remarque qui souffle : « oui, mais c'est peut-être une hypothèse comme une autre… », remarque qui aurait été certainement inconcevable il y a deux ou trois décennies. Cela ne serait même venu à l'idée de personne dans les milieux universitaires de faire ce genre de remarque il y a deux ou trois décennies, mais sans doute est-ce parce qu'on était moins tolérant alors.

Pourtant, selon Freud, il n'y a aucune crainte à avoir de la part des gens instruits. Même s'ils ne sont plus croyants, ils sont suffisamment savants pour avoir compris l'intérêt de la civilisation. Le danger ne vient pas d'eux. Encore qu'il faudrait approfondir ce point : le chef des Serbes de Bosnie, Karadzic, n'était-il pas psychiatre donc bien placé pour savoir comment les hommes fonctionnent ? N'a-t-il pas été un des pires tortionnaires du XXe siècle condamné pour génocide ? Freud fait montre d'optimisme en affirmant que les gens cultivés sont épargnés par l'animalité qui est en eux. En revanche, si le commun des hommes comprend que Dieu n'existe pas, alors il se permettra tout car il n'aura plus peur du châtiment. C'est ce que l'on entend parfois encore :

si les hommes ne sont pas tenus par la religion, ils vont se conduire comme des bêtes. C'est avoir bien peu de considération pour nos semblables et faire montre de bien peu de charité. Comme le dit Freud, peut-être qu'« il faut réviser radicalement le rapport entre civilisation et religion » [89]. En effet, plutôt que de croire que c'est la religion qui a permis l'avènement de la civilisation, ne peut-on partir d'une exigence pratique, ne pas tuer pour permettre la pérennité de l'espèce humaine, que l'on aurait ensuite « habillée » de religiosité ? Cela permettrait d'appuyer l'idée selon laquelle la civilisation humaine repose sur l'éducation et ne trouvera son salut que dans la transmission des savoirs contre tous les obscurantismes. A l'inverse, croire que c'est la religion qui soutient, fonde la civilisation, c'est croire que sans elle, les hommes sont condamnés à un retour à la barbarie. C'est croire que les hommes sont trop vils pour apprendre et comprendre. C'est maintenir les hommes sous la coupe de l'ignorance, comme l'a toujours si bien fait la religion. C'est ce que l'on appelle de l'autojustification ! C'est la civilisation qui a créé la religion.

Ce n'est donc peut-être pas la religion qui est au fondement de la civilisation comme on l'a souvent dit et que peut-être même sans Dieu les hommes seraient quand même capables de se conduire correctement et de ne pas penser constamment à s'entre-tuer. La religion ne serait qu'un « habillage » facilitant la vie commune.

Renverser le rapport civilisation / religion, c'est-à-dire ne plus penser que c'est la religion qui a permis la civilisation, mais que la première est le fruit de la seconde ne devrait a priori poser aucun problème. Pour rappel, nous avons tendance à croire que si les hommes n'avaient pas cru en la religion, la civilisation n'aurait pas perduré, peut-être même

[89] Freud, 2011, p.92.

n'aurait-elle pas existé. Or, nous dit Freud, peut-être qu'en réalité la religion a été inventée par la civilisation. Et si l'on admet ceci, cela a pour conséquence de reconnaître que la religion n'est pas nécessaire, que la civilisation pourrait s'en passer et éviter « un grand danger » [90]. Ce dernier peut être compris comme renvoyant à l'infantilisation des hommes, à leur maintien dans l'ignorance et dans l'aliénation, c'est-à-dire au fond au contraire de ce que doit être la réalisation de notre humanité. Cependant, oser effectuer ce renversement, c'est courir le risque du chaos. Depuis toujours, les hommes ont craint qu'en renversant l'ordre existant, ils ne se condamnent au plus grand désordre. Les Grecs de l'Antiquité, qui possédaient beaucoup de nos savoirs théoriques, n'auraient jamais osé en faire des applications pratiques permettant d'agir sur la nature. Celle-ci représentait pour eux une harmonie qu'il était hors de question de chercher à modifier, au risque sinon de son courroux. Ils rejetaient ainsi l'hubris, c'est-à-dire la démesure qui incite les hommes à se prendre pour des Dieux. Aussi, sommes-nous marqués encore par cette attitude et vouloir se passer de la religion, c'est être bien orgueilleux et courir le risque d'une catastrophe bien plus grande. Dans *L'avenir d'une illusion,* Freud prend l'exemple de Saint Boniface, pour montrer qu'il n'y a rien de sacré, ou plutôt que c'est nous qui décidons de ce qui est sacré. Couper un arbre sacré était inimaginable pour les Saxons, mais pas pour Saint Boniface (un archevêque d'origine anglaise, du VIIIe siècle), puisque pour lui cet arbre n'était justement pas sacré. Mais en faisant ce geste, non seulement il a montré qu'il y avait simple idolâtrie, mais il n'a pas détruit le principe d'idolâtrie puisque les Saxons se sont convertis au Christianisme. Cet acte n'a pas détruit le sacré, mais l'a transféré. Cela dit, ce que veut montrer Freud avec cet exemple, c'est

[90] Ibid., p.93.

qu'absolument rien n'empêche de repenser le rapport civilisation / religion, hormis nos propres préventions.

Freud s'appuie sur la généalogie qui explique les interdits primordiaux, généalogie qui a déjà été expliquée par les Philosophes, en particulier par certains théoriciens du contrat social comme Hobbes ou Spinoza. Qu'ont-ils expliqué ? Nous ne développerons pas ici ces théories du contrat social, retenons seulement que les hommes se rassemblent pour faire face à la nature certes, mais qu'ils vont devoir instaurer des règles pour pouvoir vivre ensemble et cesser d'être ennemis les uns des autres. Freud met ainsi en évidence le cercle pernicieux de la vengeance, qui renvoie aujourd'hui encore au mode de comportement des clans : si l'un des miens est tué par quelqu'un d'un autre groupe, mon groupe va alors essayer de tuer une personne de cet autre groupe, lequel voudra à son tour se venger, etc. Cercle vertigineux, inefficace et sans fin de la vengeance : les crimes ne sont jamais effacés et demandent à être toujours vengés. Claude Lévi-Strauss, ethnologue français, a bien analysé cela dans *Les structures élémentaires de la parenté* (1949), ouvrage dans lequel il montre que la prohibition de l'inceste a entraîné l'échange des femmes par le mariage entre différents clans, ce qui a permis de pacifier les relations. En effet, si dans l'autre clan, il y a une ou des femme(s) de mon clan, je vais réfléchir à deux fois avant de l'attaquer. Cet échange des femmes aurait aussi permis d'avoir plus facilement des relations commerciales par exemple. Ainsi, comme l'a montré aussi Freud, les interdits sont liés : interdit du meurtre et interdit de l'inceste. Par ailleurs, l'impasse que représente à long terme la vengeance, a permis l'avènement de la justice. En effet, renoncer à la vengeance, c'est accepter que la société prenne en charge le jugement et la punition du coupable au-delà de toutes nos émotions. Vouloir se venger de quelqu'un qui nous a fait du mal est quelque chose de naturel, mais ce n'est pas parce que c'est naturel que nous devons l'accepter. C'est justement parce que nous avons lutté contre l'animalité en nous que nous nous sommes humanisés. Se venger n'est pas se comporter autrement que celui dont on veut se venger. En instaurant des lois, les hommes sont entrés dans la civilisation. La justice est un signe de notre humanité. Et si les nazis ont eu droit à des procès, c'est parce que la simple vengeance nous aurait amenés à la même barbarie que la leur.

Comprendre la civilisation, plutôt que la subir, c'est assurer sa pérennité.

Aussi, les grands interdits civilisationnels peuvent avoir une justification parfaitement rationnelle, qu'il n'est pas besoin de faire appel à l'idée de Dieu pour expliquer l'interdit du meurtre, et que cet interdit d'ailleurs précéderait la religion. Cela dit, il est un peu compliqué de faire la part des choses. Après tout, le fait de mettre en place cet interdit peut marquer aussi l'entrée de l'homme dans le religieux. Mais peu importe, la mise en place de cet interdit peut de toute façon se passer de l'idée de Dieu et on peut considérer qu'elle repose sur l'intérêt bien compris, donc rationnel, des hommes. A l'inverse, si on pense qu'en lui donnant un masque religieux, cela lui conférera un caractère plus sacré et plus inviolable, on prend un grand risque. En effet, il suffit alors que ce masque tombe et la civilisation tombe avec lui ! Pour protéger la civilisation, il faut donc laisser place à la raison, et d'autant plus que la religion n'intervient pas seulement pour commander l'interdit du meurtre, mais beaucoup d'autres interdits. Imaginons un instant qu'elle disparaisse brutalement, c'est le retour du refoulé qui s'exprime comme on peut le constater à chaque fois que les barrières sociales disparaissent (guerre civile, lynchages, émeutes, etc.), mais là ce serait à l'échelle de l'humanité ! Il y a encore un autre argument expliquant l'incapacité des religions à garantir la civilisation. Il existe plusieurs religions, qui se contredisent et se combattent, le plus souvent violemment. Cette contradiction entre les religions les affaiblit intrinsèquement et met en lumière « les symptômes de l'insuffisance humaine » [91]. En effet, nous sommes prêts à croire n'importe quoi, y compris des choses contradictoires, afin de calmer, voire d'étouffer notre angoisse de vivre et de mourir, parfois pour satisfaire des intérêts bien mesquins comme la richesse ou la domination, et qui nous poussent à admettre des dogmes incroyables. Enfin, en confondant le pouvoir séculier et le pouvoir spirituel, nous enlevons du pouvoir aux hommes et à leurs institutions. En quelque sorte, Freud prône la séparation de l'Église et de l'État, comme l'avait fait avant lui Spinoza : la religion ne doit pas s'occuper de l'ordre politique, elle doit être cantonnée à la sphère privée. Le salut de son âme regarde l'individu, mais en aucun cas ne doit interférer dans les institutions politiques. Si cette séparation de l'Église et de l'État était respectée, cela permettrait aux hommes de comprendre, d'assimiler, que les institutions de la société sont faites par les hommes et pour les hommes. Tant que l'on croit que ces institutions sont sacrées, ceux qui sont à leur tête peuvent dominer les autres comme ils l'entendent, en brandissant si nécessaire l'arme du blasphème. Au contraire, si les hommes comprennent que ces institutions sont leur fait, qu'elles cherchent toujours à les rendre davantage autonomes, elles devraient être bien plus respectées que celles qui le sont (les religieuses) parce que sous le coup d'une menace constante. De plus, cela permettrait de mettre en place des lois moins rigides : si nous comprenons que les lois sont faites pour nous rendre libres, nous y obéirons plus facilement que si elles sont faites pour nous asservir indirectement à des hommes qui se servent des dogmes

[91] Freud, 2011, p.95.

religieux pour nous soumettre. On aurait donc tout à y gagner.

Néanmoins, si on peut considérer que la raison seule suffit pour commander l'instauration de règles nécessaires à la vie sociale et donc à la survie de l'espèce, comme nous l'avons déjà noté, il n'est pas certain du tout que les choses se soient effectivement passées ainsi. Par exemple, il n'est pas du tout certain que les hommes aient agi au départ rationnellement en instaurant l'interdiction de tuer son prochain. Comme Freud l'a présenté dans *Totem et Tabou*, que nous avons évoqué plus haut, il s'agit de l'idée de la horde primitive qui aurait tué le père, chef de clan, et qui aurait entraîné crainte et remords. Ce qui aurait instauré l'interdiction de tuer avec la mise en place du totémisme. Ce père primitif aurait donné naissance à l'idée de Dieu. Le problème est justement qu'ils ne connaissaient pas encore les sentiments moraux ! Aussi, on pourrait penser que ce serait la religion qui aurait engendré les premiers interdits, alors qu'il semble plus probable que ce sont les premiers interdits, d'ordre tout simplement pragmatique, qui ont donné naissance à la religion. Le fait est que pour survivre, les hommes ont dû inventer des règles de vie commune.

La religion a certainement joué un grand rôle, sinon dans la création du moins dans le maintien de la civilisation, justement parce que l'homme n'est pas qu'un être rationnel, mais surtout qu'il est un être affectif et que tout commence pour lui par l'intermédiaire de ses affects. Encore une fois nous pouvons faire le parallèle avec l'approche de Spinoza, pour qui l'homme est d'abord au monde au travers de ses affects, que c'est grâce à eux qu'il se construit. C'est pourquoi Freud compare la religion à la névrose infantile. En effet, pour grandir, s'élever, s'humaniser, le petit humain doit renoncer à nombre de ses désirs (désir de sa mère et refoulement primaire, complexe d'Œdipe et refoulement secondaire, ...), mais il ne le fait pas en connaissance de cause, il ne le fait pas par rationalité, mais parce qu'il craint le retrait d'amour de ses parents et son abandon. Cela peut se traduire par des névroses obsessionnelles telles que les phobies par exemple ou les actes compulsionnels. Les névroses infantiles sont surmontées à l'âge adulte (ou traitées par la psychanalyse). De la même façon, la religion est l'équivalent sur le plan de l'espèce de la névrose infantile et dans son histoire, l'humanité traverse des phases névrotiques qui correspondent aux angoisses des hommes qui sont encore dépourvus de savoirs. La religion prend ici la définition d'une névrose obsessionnelle de l'humanité.

Toutefois, avec le progrès des sciences, nous sommes maintenant entrés dans la phase où l'humanité se détache de la religion ! Enfin, c'est ce que croyait Freud...

On peut se demander ainsi jusqu'à quel point Freud n'est pas soumis aux illusions de la raison triomphante, si caractéristiques des Lumières et du positivisme du XIXe siècle. D'ailleurs la reconstruction de l'histoire des religions qu'effectue Freud n'est pas sans rappeler la théorie des trois états d'Auguste Comte : état théologique : fétichisme, polythéisme et monothéisme ; état métaphysique avec le déisme et état scientifique ou positivisme qui renonce au « pourquoi » et donc à la métaphysique et aux causes premières.

Cependant, pour sortir de la religion, il faut y aller progressivement comme le prisonnier de la caverne de Platon, il ne faut pas amener brutalement les hommes à la lumière (c'est-à-dire au savoir) au risque sinon qu'ils ne voient rien ! Par ailleurs, l'analogie de la névrose obsessionnelle avec la religion n'est pas absolument convaincante car elles ne sont pas superposables. Néanmoins, Freud y a repéré beaucoup de points communs : les pratiques religieuses sont ritualisées comme le sont les névroses obsessionnelles et donnent lieu parfois à des transes ou à des hallucinations (résurrection du Christ, miracles, visions, ...) qui sont comparables aux « *amentia* » qui sont des périodes de confusion mentale durant lesquelles les individus hallucinent l'objet perdu. Une absence insupportable est alors compensée par une réalisation hallucinatoire. Cette comparaison est toutefois recevable au point que le croyant peut parfois échapper à la névrose car il subit, si je puis dire, une névrose collective !

Les dogmes religieux ont une valeur historique qu'il s'agit de respecter mais en tant que valeur historique, non en tant que dogmes à vénérer et à suivre éternellement. Toujours suivant la méthode de développement parallèle entre l'histoire de l'humanité et le développement individuel, Freud considère les dogmes religieux comme des *« reliquats névrotiques »* [92], qu'il s'agit de comprendre pour parvenir au développement rationnel. En effet, si l'on refoule « bien » les désirs inacceptables, on échappe à la névrose. Cette dernière est le résultat d'un refoulement qui s'est mal fait, ou partiellement, et les symptômes névrotiques sont la « trace » des désirs refoulés, sont l'expression qu'ont trouvée ces désirs pour obtenir quand même une satisfaction. Autrement dit, si le refoulement a été efficient, il n'y a pas de retour déguisé sous la forme de symptômes, les désirs refoulés ont trouvé leur place dans l'Inconscient. Pour guérir de la névrose, il faut donc « reconnaître » ces symptômes comme des désirs déguisés, les comprendre et donc bien les assimiler, les dépasser. Il en est de même pour la religion selon Freud. La religion est le « symptôme » de notre refoulement collectif et, en tant que telle, elle doit être dépassée. Elle a eu son utilité, elle a permis l'intégration d'interdits et le renoncement à nos désirs de toute puissance, elle nous a rassurés, mais elle en est venue à un point où aujourd'hui

[92] Ibid., p.99.

elle nous fait plus de mal que de bien, comme les symptômes névrotiques finissent par empêcher le névrosé de vivre sans être trop malheureux. Le « noyau rationnel » de la religion – ce en quoi les religions peuvent être socialement utiles en tant que donneuses de prescriptions éthiques – est aujourd'hui inefficace, voire pernicieux. En effet, à force d'accumulation d'interprétations et de prescriptions, les hommes sont devenus incapables de faire la distinction entre justement le « noyau rationnel » de la religion qui leur a permis de survivre ensemble et tout ce qui relève de la superstition. Aussi, grâce au développement de la connaissance, les hommes sont arrivés à un point où il n'est plus nécessaire de frapper leur imagination pour les amener à accepter les contraintes de la civilisation, ils sont capables de les comprendre.

Il n'est pas vrai que c'est la religion qui nous indique comment nous devons vivre et il faut donc cesser de nous comporter comme des enfants.

L'homme peut échapper à l'illusion religieuse grâce au savoir

Arrivés à ce stade, nous pourrions être amenés à penser que Freud se contredit, et cela au moins sur trois points. Première contradiction : Freud affirme ne pas vouloir mettre en question la religion, ou qu'en tout cas ce qu'il écrit concernant la religion n'aura aucune incidence sur elle, alors qu'en même temps il cherche à la mettre radicalement en doute. De la même façon, il affirme que si les hommes ne croient plus en Dieu, on court à la catastrophe, car plus rien ne les contraindra à respecter les interdits, mais dans le même temps, il soutient que c'est justement le fondement religieux historique de la civilisation, par sa prescription des interdits primordiaux, qui la met en péril et qu'il faut donc cesser de croire et tourner le dos à la religion.

Pour résumer cette première contradiction, voici ce que l'on peut retenir :

1) Freud affirme ne pas vouloir mettre en question la religion, mais c'est ce qu'il fait.

2) Si la religion disparaît, la civilisation court à sa perte. Mais si elle continue d'exister, elle est un danger pour la civilisation.

Deuxième contradiction : Freud affirme que l'homme est soumis à ses affects, et c'est en jouant dessus que la religion opère. Mais en même temps, il dit qu'il faut substituer la raison aux passions. Comment cela pourrait-il être possible puisque l'homme est soumis à ces dernières ?

Troisième contradiction : L'Histoire est témoin que l'on ne peut espérer que l'homme agisse rationnellement. Il s'agit d'une contradiction avec l'expérience. Effectivement, les révolutionnaires français, en coupant la tête au roi, monarque de droit divin, ont symboliquement coupé la tête de Dieu. Àsa place, ils ont édifié une nouvelle idole : la Raison. Évidemment au regard de ce qui s'est passé avec la Terreur, puis le retour transitoire à la Monarchie, on peut penser qu'il est utopique d'espérer que les hommes s'appuient exclusivement sur la raison. Mais il n'en demeure pas moins, que nous vivons sous le régime de la république depuis 1870, et que nous sommes un des rares États laïques au monde depuis la séparation de l'État et de l'Église en 1905. Les autres États laïques, en tout cas déclarés comme tels, sont le Portugal, la Turquie, l'Inde, le Japon, le Mexique, l'Uruguay et Cuba. Quant à la Russie, elle s'est passée un temps de la religion, mais celle-ci est revenue en force depuis la chute de l'Union soviétique.

Enfin, dernière argutie : il faut libérer l'homme de la névrose certes, mais que lui offre-t-on pour supporter son existence ? De même, on libère l'homme de la religion, mais quelle espérance lui donne-t-on en retour ? A ces possibles critiques, Freud va répondre point par point.

Sa première réponse est, j'ai envie de dire, facile. Le vrai croyant, le croyant sincère, celui qui a une véritable foi au sens spirituel du terme, ne se laissera pas ébranler. En revanche, celui qui croit par superstition, et qui représente le plus gros du troupeau, ne tergiversera pas longtemps si on lui apprend que ses croyances sont erronées. Et c'est celui-là qui sera le plus dangereux pour la civilisation, car s'il n'est plus soumis à ses affects de crainte et d'espérance, il en laissera d'autres s'exprimer qui sont potentiellement plus dangereux. C'est au fond cette inconstance des hommes qui est dangereuse pour la civilisation. Leur imposer la religion, c'est les empêcher de penser, c'est les maintenir dans l'ignorance et l'émotionnel. Les libérer de la religion c'est donner libre cours à leurs affects du fait de leur ignorance.

Ce qui nous amène à la réponse à la deuxième contradiction. Les hommes sont animés de « désirs pulsionnels » [93] qui les dominent, comment les rendre accessibles à la raison ? La réponse que propose Freud est intéressante. En effet, il refuse d'admettre que l'homme soit intrinsèquement soumis à ses affects et imperméable à la raison. Avec l'exemple des tribus qui compriment les crânes des enfants, il veut signifier que ce n'est pas par nature qu'ils ont une petite tête, mais parce que depuis tout petits, celle-ci a été enserrée pour empêcher son développement. Par analogie, on peut dire que si les hommes sont soumis à leurs affects, c'est parce que l'on a empêché la raison de se développer en eux en les maintenant dans l'ignorance et la superstition. Pour étayer son affirmation, Freud évoque la spontanéité et la curiosité des enfants, lesquelles finissent par s'estomper car

[93] Ibid., p.103.

on refuse d'y répondre ou qu'on en est incapable et que l'on préfère leur faire des réponses toutes faites. Les enfants d'eux-mêmes n'auraient pas l'idée de Dieu. Or, quand on les éduque en leur imposant des dogmes qu'on ne leur explique pas, mais qu'on leur demande d'admettre sans réfléchir (sinon ils pourraient s'apercevoir de leur absurdité ou de leurs contradictions), on empêche justement leur pensée de se développer. Et surtout on ne leur donne pas les moyens de lutter contre leurs affects. Ces derniers existent, il n'est pas question de les nier, mais nous ne disposons de rien de plus efficace que la raison pour les comprendre et espérer les dépasser. Spinoza avait d'ailleurs excellemment compris cela (voir la Troisième partie de l'*Éthique*). Enfin, contrairement à sa supposée misogynie, Freud aborde la prétendue « débilité physiologique »[94] des femmes. Elles seraient moins intelligentes, moins douées intellectuellement car sur elles s'exerce davantage la pression des interdits sexuels. Ainsi, les femmes seraient écrasées à la fois par les tabous sexuels et les tabous religieux, qui au fond ne font qu'un. On peut donc en déduire qu'aujourd'hui les femmes subissent nettement moins tous ces tabous : elles sont les plus nombreuses dans l'enseignement, la médecine, le barreau, etc. ! Toujours est-il que si on empêche un être de penser, on ne peut pas s'attendre à ce qu'il pense. Ce n'est pas par nature, en tout cas on ne le sait pas, que les hommes pensent peu, mais c'est parce que l'on s'échine à les empêcher de penser. Et cela continue, voire s'accentue quand on considère les programmes scolaires qui sont de plus en plus débilitants et qui empêchent les enfants de s'approprier les savoirs.

Néanmoins Freud reconnaît qu'effectivement on ne sait pas s'il est dans la nature de l'homme d'être soumis à ses

[94] Ibid., p.104.

pulsions. Mais il demande qu'on fasse le pari qu'il peut les dépasser, en tout cas qu'au moins on essaie de l'éduquer sans lui instiller des croyances religieuses, mais en développant sa capacité de réflexion, son esprit critique.

Enfin concernant la troisième contradiction, Freud reconnaît qu'il serait stupide de supprimer brutalement la religion, cela serait non seulement douloureux pour les croyants, mais surtout la renforcerait. La croyance, parce qu'elle est croyance, résiste à l'argumentation rationnelle et ne craint pas les interdits extérieurs, sa foi se renforçant de ces interdits. Freud reprend ici l'idée de Marx tirée de la *Préface à la critique du droit politique hégélien*, dans laquelle ce dernier a cette formule célèbre « la religion est l'opium du peuple ». Avec cette phrase, Marx voulait dire que la religion permet aux miséreux de supporter l'existence et que ce n'est donc pas la religion qu'il faut supprimer, mais les conditions d'existence misérables. Une fois celles-ci éliminées, la religion disparaîtra d'elle-même car elle n'aura plus de raison d'exister. Freud prend l'exemple de l'Amérique et la période de la Prohibition qui va courir de 1919 à 1933. C'est effectivement sous l'influence de groupes de femmes que va être prise cette décision. En effet, les hommes passaient trop de temps dans les bars et négligeaient leur famille. Donc la vente et la consommation d'alcool vont être interdites au nom principalement de préceptes religieux. Résultat des courses : la Mafia a connu un développement phénoménal et les ventes d'alcool ont doublé pendant cette période ! Pour retrouver après la fin de la prohibition le niveau d'avant la prohibition. Quand on interdit brutalement les choses, on s'expose à leur amplification. Donc il n'est pas question d'interdire la religion. On pourrait prendre aussi l'exemple de la Pologne sous l'ère soviétique. Il n'était pas interdit d'être croyant, mais cela était plutôt assez mal vu. Quand Solidarnosc s'est constitué, c'était avec la bénédiction de l'Église, les syndiqués se retrouvaient dans les églises. Et aujourd'hui, il y a des messes tous les jours et à toute heure, au moins dans les grandes villes comme Varsovie, Cracovie ou Gdansk.

L'humanité peut-elle se passer du réconfort de la religion ? Est-elle capable de faire face à sa condition sans subterfuge ? Freud reprend implicitement la formule de Marx comparant la religion à l'opium : « sans elle il ne supporterait pas le poids de la vie, la cruelle réalité »[95]. Encore que pour Marx il s'agit de la dure réalité économique mise en place par les hommes, alors que pour Freud, il s'agit de la cruauté même de l'existence. Évidemment, celui qui a été accoutumé dès l'enfance à prendre l'illusion pour la réalité aura énormément de difficultés à surmonter la désillusion et à renoncer à cette satisfaction illusoire. Mais on ne peut préjuger de la capacité à faire face de celui qui n'a pas subi cet embrigadement. Après tout, si on élève les enfants dans la vérité, si on leur permet de développer leur raison, peut-être seront-ils en mesure d'accepter le refoulement des pulsions tout en échappant à la névrose. Et s'ils échappent à la névrose, ils échapperont à l'angoisse et peut-être n'auront-ils alors pas besoin d'expédients pour la soulager. Bien sûr, cela n'enlèvera absolument rien à notre caducité, nous demeurerons des êtres infiniment fragiles et insignifiants, nous resterons des « roseaux », mais des roseaux pensants comme nous le dit Pascal. D'ailleurs ce dernier avait une acuité remarquable de la condition humaine, acuité sans doute liée à sa sensibilité exacerbée et à sa précocité intellectuelle. Mais cette lucidité le bouleversait, sans doute est-ce pour cela qu'il était croyant, mais un croyant constamment dans le doute et atteint d'hystérie, au sens névrotique du terme. Ainsi, Pascal illustre assez bien ce que décrit

[95] Freud, 2011, p.106.

Freud. Donc l'homme sans religion n'est pas libéré de sa condition d'être mortel, mais au lieu d'être constamment dans la crainte et l'appréhension, grâce au développement de son savoir, il est capable d'accepter cette condition. Au fond les croyants n'acceptent pas leur condition d'êtres mortels, ils manquent d'humilité. C'est sans doute pour cela qu'ils n'ont de cesse de réclamer aux autres d'être humbles ! Comme nous l'avons vu, les hommes selon Freud ont subi trois humiliations. Or, pour s'humaniser, se construire, il faut dépasser ces blessures narcissiques et sortir de la religion, c'est-à-dire sortir de l'infantilisme. L'homme, pour se tenir debout, pour être libre, doit faire face à sa condition. Ce n'est certes pas facile, mais il dispose de moyens pour affronter seul la réalité, quelque dure qu'elle soit. En particulier, il a à son service la science qu'il a lui-même créée et qui lui permet non seulement d'expliquer le monde, mais d'agir sur lui. Il peut aussi apprendre la sagesse qui enseigne à s'incliner devant la nécessité, à l'image des Stoïciens qui affirmaient qu'il y a des choses qui dépendent de nous, d'autres qui n'en dépendent pas et qu'il ne faut pas perdre son temps avec ces dernières, car cela est vain. Les choses qui dépendent de nous sont nos pensées, nos jugements, nos désirs. Celles qui n'en dépendent pas, ou pas complètement, sont notre corps, le pouvoir, la richesse, les honneurs, l'immortalité, etc. Ainsi, il ne faut pas perdre notre temps et notre énergie à espérer un paradis dont jamais personne n'est revenu pour nous dire qu'il existait. Concentrons nos forces sur l'existence présente, essayons de nous éduquer les uns, les autres, transmettons nos savoirs, entre-aidons-nous, même serrons-nous les coudes, plutôt que de nous entretuer au nom de dogmes dont nous ne savons même pas s'ils sont vrais ! Freud est plutôt optimiste quant à l'avenir de l'humanité. Il fait le pari de la rationalité, du savoir et de la science, mais du progrès de la morale aussi en ce sens que les hommes pourraient être en mesure, s'ils étaient éduqués à la raison, de comprendre et non de subir les interdits nécessaires à la pérennité des civilisations.

Il faut faire le pari de la raison et du savoir

Croire que les hommes sont en mesure de devenir des êtres complètement rationnels, capables de se comprendre et de se dominer, n'est-ce pas en effet une gageure ? Une idée complètement utopique ? Ainsi Freud ne bascule-t-il pas lui-même dans l'illusion et ne prend-il pas ses désirs pour la réalité ? En effet, si on éduque les enfants dans la vérité et la rationalité, à l'abri de toute forme de croyance superstitieuse, Freud croit qu'ils deviendront des hommes capables de dominer leurs pulsions sans devoir compenser cette maîtrise par des névroses individuelles ou/et collectives. Or, il existe des enfants qui n'ont pas été éduqués sous l'influence de dogmes religieux. Pourtant, force est de constater qu'ils ne se conduisent pas plus rationnellement, puisqu'à priori aucun être humain ne se conduit absolument rationnellement. Mais cela signifie peut-être seulement qu'il n'existe aucun peuple qui ne pratiquerait aucune religion, ou aucun humain qui n'adhèrerait à aucune forme de superstition. Les ethnologues ont montré en effet que tout groupe humain pratiquait des rites et avait des croyances assimilables à des croyances religieuses. La conséquence de ceci est donc de constater que les hommes sont incapables de vivre ensemble sans un système de règles rigides et contraignantes. Et donc, si on supprime la religion, il faudra bien la remplacer par un autre système de contraintes. On peut penser ici au régime soviétique. De fait, on est bien obligé de reconnaître que très vite, ce régime a dû instituer quelque chose qui ressemblait à une religion, mais sans transcendance. Cela s'est particulièrement développé sous Staline, mais avait déjà commencé avec la momification de Lénine en 1925. A la place du catéchisme, les enfants ont eu droit aux jeunesses communistes, qui n'étaient qu'une autre forme d'embrigadement. De la même façon, si les soviétiques ne rendaient plus un culte à un Dieu transcendant, ils le rendaient au « petit père des peuples », qui souvent a été adoré comme d'autres adorent Dieu, unissant à la fois la protection et la crainte. De la même façon, la censure était extrêmement prégnante. On a vu cela aussi avec Hitler ou avec Mussolini, qui ne s'appuyaient ni l'un, ni l'autre sur la religion, mais qui tenaient leur peuple sous la férule de la croyance et de l'ignorance par le moyen de la terreur. Donc effectivement, cela semble bien illusoire de croire que les hommes pourront un jour échapper au besoin de domination. D'ailleurs les enfants ont besoin d'être éduqués, d'avoir un cadre pour devenir adultes. Et comme ils sont justement des enfants, la rationalité ne peut rien sur eux, il faut donc bien les éduquer en jouant sur leurs affects : crainte, peur, amour. On peut noter en passant qu'élever des enfants en considérant que l'on peut leur parler comme à des adultes, que l'on peut faire appel uniquement à leur raison, donne bien souvent naissance à des êtres despotiques qui ne dépasseront pas le fantasme de toute puissance. Tout expliquer, tout justifier comme si l'on était d'égal à égal, c'est empêcher les enfants de grandir, de se construire. Hannah Arendt explique cela très bien dans *La crise de l'éducation* (1958) (article dans *La crise de la culture*), en montrant qu'en laissant les enfants décider comme s'ils étaient des adultes, c'est refuser justement notre rôle d'adultes, c'est leur refuser l'entrée dans le monde des adultes. C'est renoncer à notre responsabilité.

Faut-il alors maintenir la religion, non pas parce qu'elle est vraie, mais parce qu'elle a une valeur pratique, qu'elle permet aux hommes de vivre ensemble, leur donne de l'espérance et les rassure ? Pourquoi les priver de cela ? De plus, si on épure la religion de tous ses rites et croyances superstitieuses, elle devient alors simplement une pratique spirituelle qui n'a rien à envier à la science et qui peut être accessible à tous.

Donc peut-être Freud finalement ne cherche qu'à remplacer une illusion par une autre, à savoir la science, qui serait d'ailleurs moins efficiente. Mais, bien évidemment, ce n'est pas le cas.

En effet, croire que la raison peut prendre le pas sur les pulsions n'oblige pas à ce que tous y adhérent. Et que ceux qui n'y croient pas ne risqueront pas d'être ostracisés. La raison, en tout cas dans son essence, n'est pas fanatique et n'engage que ceux qui veulent l'assumer. C'est le premier point, qui est loin d'être négligeable. Second point, s'il s'avérait que faire le pari de la raison est une erreur, car c'est bien de cela dont il s'agit plutôt que d'une illusion, cela ne porterait pas à conséquence pour la même cause que pour le premier point, à savoir que la raison n'est pas fanatique, ou peut ne pas l'être. La raison qui permet de juger si l'on se trompe, y compris dans son usage, n'est pas fanatique, parce que justement elle est raison. En revanche, la religion est non seulement une illusion, mais une illusion délirante complètement en contradiction avec la réalité et contre laquelle la raison se révèle impuissante.

Freud, dans sa pratique psychanalytique, a repéré que les enfants souffraient de névrose qu'ils parvenaient à dépasser en devenant adultes, à condition qu'elles soient éclairées. De la même façon, il considère que la religion est infantile, qu'elle peut donc être dépassée à l'échelle de l'histoire humaine.

Freud fait preuve tout de même d'un optimisme problématique. Il pense qu'avec le temps, la raison et l'expérience triompheront de la religion qui vit semble-t-il ses derniers moments, à notre époque de progrès des sciences et des techniques. Nous sommes bien placés aujourd'hui pour savoir que ce n'est pas le cas, à moins qu'il ne s'agisse effectivement de ses derniers soubresauts et que c'est pour cela qu'ils sont si violents. De fait, ceux qui croient en Dieu ne peuvent admettre qu'il n'existe pas et que la religion n'est qu'illusion, car sinon leur « monde s'écroule »[96]. Effectivement si l'existence n'a de sens qu'au travers de la religion, la fin de celle-ci est impossible à supporter. A l'inverse, si l'on fait le pari de la raison et du savoir, tout est possible.

Toutefois il ne s'agit pas de donner un blanc-seing à la science. Sans doute même ne pourra-t-elle jamais rien sur notre manière d'envisager psychiquement l'existence. Sans doute même ne nous rendra-t-elle pas meilleurs, car la science est tournée vers l'extérieur, vers le monde. La science promet moins que les dieux ! Et même si nous devons réviser ce que nous avait promis Descartes : « nous rendre comme maîtres et possesseurs de la nature » et nous rendre plus sages et plus habiles, ou les Philosophes des Lumières qui croyaient non seulement en un progrès des sciences, mais aussi en un progrès moral, il n'en reste pas moins qu'elle nous permet d'agir toujours plus sur le monde et sur notre propre vie. Et de cela, nous en avons la preuve tous les jours, le savoir scientifique ne produit pas des chimères : on fait bien voler des avions, on envoie des hommes dans l'espace, on guérit de plus en plus de maladies, on est même capable de faire des fécondations humaines artificielles ! Il est vrai que certains progrès scientifiques peuvent occasionner de nouvelles craintes pour certaines irrationnelles, comme le fait de pouvoir guérir des maladies ou faire des transfusions sanguines, d'autres plus fondées comme le fait d'être en mesure de détruire notre planète ou de modifier le génome humain. Néanmoins, les reproches

[96] Freud, 2011, p.114.

faits à la science, notamment par ceux qui considèrent que la nature a été créée par Dieu et qu'en tant que telle est sacrée, en particulier la nature humaine, sont-ils injustifiés. Ce n'est pas la science qui est condamnable, la science est amorale. Ce qui demande à être évalué moralement c'est la puissance que nous donne la science.

Certes la science n'explique encore que très peu de choses mais elle est très jeune, justement parce qu'elle a d'abord dû lutter contre tous les préjugés religieux. La physique apparaît au XVIIe siècle avec Galilée, mais cela faisait pratiquement un siècle que Copernic avait découvert l'héliocentrisme. La chimie apparaît au XVIIIe siècle et la biologie au XIXe. Ces sciences sont relativement tardives car la religion interdisait justement de toucher à quoi que ce soit. Mais quand on regarde de plus près, on ne peut qu'être admiratifs pour tout ce que les hommes ont élaboré en si peu de temps !

De même la science se trompe. Mais l'incertitude de la science est tout simplement la preuve du progrès scientifique ; les théories moins bonnes, moins précises sont remplacées par des théories meilleures et plus précises (la relativité d'Einstein n'invalide pas la gravitation universelle de Newton mais en fait une approximation dans un certain domaine du réel). La théorie de Darwin a été revue et corrigée, précisée, grâce à la paléontologie et la génétique, mais qu'il y ait eu évolution n'est pas mis en question, excepté justement par les Créationnistes, qui n'apportent d'ailleurs aucune preuve, seulement des croyances

Enfin, certains affirment que la science est un produit de notre esprit et donc n'aurait pas beaucoup de valeur, car subjective. Mais depuis Kant, nous savons que nous connaissons le monde en fonction de nos facultés, qu'il n'y a pas de connaissances des choses en soi. Aurions-nous d'autres facultés, notre connaissance serait différente. Mais il n'en reste pas moins que nos connaissances nous permettent d'agir sur le monde, ce qui en garantit l'objectivité. Et Freud a sans doute raison, lorsqu'il dit à propos de notre appareil psychique qu'il « est lui-même un élément du monde » [97]. Si comme disait Spinoza, l'homme est un mode de la nature dont il perçoit deux attributs : la pensée et le corps, alors il n'est donc pas surprenant que ce que l'homme conçoit entre parfois en résonance avec le monde. Enfin, Bachelard au XXe siècle expliquera que le développement de la raison et celui de la connaissance vont de pair s'entraînant l'une l'autre dans un mouvement synergique.

Ainsi Freud peut conclure : à la différence de la religion, la science n'est pas une illusion.

[97] Ibid., p.117.

Qu'en est-il aujourd'hui ?

Le Nom du Maître

Pour aller plus loin, mettons en perspective tout cela avec une analyse proposée par Christian Geffray qui applique les théories freudiennes et lacaniennes à ses recherches ethnologiques. De fait, il s'agit pour lui de comprendre des comportements sociaux en les rapportant à des paradigmes psychanalytiques. En effet, Geffray interroge le lien social en essayant d'y trouver des causes psychanalytiques, ce qui ici intéresse notre propos d'autant plus qu'il s'attache à analyser particulièrement le phénomène de soumission.

Geffray procède en partant de bases empiriques, en l'occurrence de matériaux ethnologiques, qui vont servir à nourrir sa réflexion, en particulier des formes de servitude en Amazonie et l'expression de la vie publique au Brésil. Pour le détail de ces enquêtes, nous vous renvoyons au livre de Geffray.

Ce que souligne Geffray dans son étude est que l'association de l'ethnologie et de la psychanalyse permet de formuler un discours sur la vie sociale, afin de lui donner sens en articulant des phénomènes autrement disjoints. Les catégories de l'imaginaire et du symbolique, empruntées à Lacan, ne sont pas employées simplement de manière homonymique, mais expliquent bien les mêmes faits.

Ainsi, dans l'analyse de la servitude, Geffray met en évidence la composante affective essentielle à son maintien. Aussi, *l'amour* est-il requis, transcrit dans une obligation d'ordre filial, pour mettre les hommes au travail et pour instituer les conditions de l'adhésion politique. Et bien souvent, le seul lien, comme signe d'appartenance, se trouve dans l'amour, qui en tant que sentiment ne peut être objectif et qui obscurcit le champ politique, de la vie commune et que l'on retrouve dans la religion. Faut-il interpréter cela comme un refus d'exister par soi ? Un refus de l'identité ? Comme un maintien de la fusion infantile ? De fait, le symbolique est ce qui fait tiers, ce qui vient s'insérer entre la mère et l'enfant. Le symbolique produit la signification par la mise en œuvre de la distance, par l'écart qu'il impose. Le refus du symbolique, c'est donc le refus de la coupure et du sens, le refus du politique et de sa légitimité, le refus de la reconnaissance de la souffrance.

La question qui se pose alors est la suivante : « Qu'est-ce qui gouverne donc l'infinité réglée du surgissement de ces « Idéaux de masse » sur la scène de l'Histoire ? »[98]. C'est ici que le désaccord de Geffray avec Freud intervient, et qui justifie son ouvrage. En effet, Freud répond à cette question dans *Totem et tabou* : « le père originaire est l'idéal de la masse ». Freud fait de ce père un père réel, hypothèse bien hasardeuse, empruntée à Darwin, qui lui a été notamment reprochée par Lévi-Strauss. Geffray explique qu'une « communauté de sentiment » est une des conditions du surgissement d'une masse et de la mise en forme de sa structure libidinale. En effet, une masse ne peut apparaître que si un certain nombre d'individus ont des désirs communs qui réclament pour leur satisfaction une action collective, ce qui exclut donc le désir sexuel. Ces désirs demandent à être reconnus, c'est pourquoi les individus qui les éprouvent doivent se faire une représentation individuelle de ces désirs communs en même temps que ces désirs doivent faire l'objet d'une représentation commune[99]. Pour

[98] Geffray, 1997, p.92.
[99] Geffray, 1997, p. 97.

faire « masse », les désirs ne doivent pas avoir encore été « liés », ne doivent pas encore avoir trouvé le chemin de leur expression collective. Donc la naissance d'une masse suppose l'existence d'un désir-social-non-lié, qui n'a pas encore trouvé les voies de sa représentation et de sa reconnaissance. Dans une masse, le meneur va être le représentant d'un idéal de masse nouveau, dont l'absence interdisait aux individus de se reconnaître dans les masses déjà existantes, et va leur permettre de faire reconnaître leurs désirs sociaux, de les lier et de les satisfaire. Ainsi, en même temps qu'elles accèdent à la reconnaissance commune de leur désir commun, les personnes s'agglomèrent en masse capable d'agir. Une nouvelle instance subjective peut alors apparaître : le *Nous*. Ce dernier n'est pas la masse, c'est une instance imaginaire au même titre que le *Moi*, il résulte de l'échange des idéaux et consiste en « une représentation de soi érigée en objet de la libido narcissique de ses membres : derrière les formules « en tant qu'intellectuel je » … « en tant qu'ouvrier je » … etc., on peut toujours entendre « je m'aime » »[100]. Ce *Nous* émerge de l'opinion par sa différenciation face à « une réalité extérieure », comme le *Moi* émane d'une différenciation du *Ça*. On peut remarquer alors que le *Nous* se constitue de la même manière que le *Moi* : en refoulant un certain nombre de désirs sociaux interdits à la représentation collective. Ainsi existerait un « inconscient social » ou « collectif » qui fonctionnerait avec les mêmes phénomènes que l'inconscient « individuel » : refoulement, défense, résistance... Cet inconscient social ne correspond pas à l'inconscient collectif archaïque tel que défini par Jung. L'inconscient social élaboré par Geffray n'est pas universel, mais multiple, il correspond à « des » *Nous* particuliers et il ne se constitue pas par refoulement de pulsions sexuelles, refoulement déjà

[100] Ibid., p. 110.

effectué par le *Moi*. Néanmoins, la libido, certes désexualisée dans le collectif, ne cherche pas moins à se réaliser au travers de la société. Enfin si selon Freud, la masse primaire résulte d'une substitution du *Moi* du meneur à l'*Idéal du Moi* des menés, Geffray va plus loin en affirmant que c'est à partir du *Nous* qu'a lieu le processus d'identification qu'est l'*Idéal du Nous*, lequel donnerait naissance à l'institution. Contre Freud, et son hypothèse de *Totem et tabou,* Geffray affirme que les institutions sont antérieures aux meneurs, lesquels surviennent justement dans les failles des institutions. Les institutions sont toujours déjà là et les meneurs, comme le Père, ne sont pas *sui generis*. Dans son analyse, Freud est « revenu » directement du meneur au père, sans voir le *Nous*, en évoquant pourtant les « idéaux de masse », mais en faisant du « père originaire l'idéal de la masse ». Voilà où se trouve l'erreur de Freud dans *Totem et Tabou*, et qu'anthropologues et sociologues lui ont reprochée. C'est pourquoi Geffray soutient que le parricide est fantasmatique et qu'aucun *Moi* composant la masse écoutant le meneur ne possède de nom propre, puisque tous se comptent ensemble pour un. Cela donne lieu à une double substitution : celle d'un idéal du *Nous* aux Idéaux du *Moi* qui composent l'ensemble du *Nous* et celle du nom propre du *Nous* au nom propre de chacun des *Moi* (en tant que …). L'*Idéal du Moi* se construit par l'introjection de la figure paternelle (*Le Nom-Du-Père)*. Cependant, au moment de l'adolescence, l'amour parental n'est plus en mesure à lui seul de garantir la satisfaction narcissique et se produit alors le transfert des Idéaux de Nous qui forme le lien social : *le Nom-Du-Meneur* vient prendre la place du *Nom-Du-Père* introduisant le sujet sur la scène sociale par une seconde fois le meurtre symbolique du père. Les *Noms-Du-Meneur* permettent alors de transposer le désir narcissique sur le plan du désir social, de passer de la « représentation commune du désir individuel » en « représentation individuelle du désir commun. »[101] Cependant, pourquoi ce *Nous*-là plutôt qu'un autre ? Geffray précise que ce n'est pas l'amour uniquement qui motive le désir, mais c'est aussi l'exigence des besoins vitaux, la question de la vie ou de la mort qui se saisit dans l'imaginaire, c'est-à-dire dans la manière dont l'individu s'en fait l'image. Cela permet d'expliquer que, les biens qui permettent la subsistance ne revenant jamais complètement à ceux qui les produisent, ces derniers se trouvent dans une forme de dépendance des meneurs qui détiennent le pouvoir d'assurer cette subsistance. Les non-meneurs ne peuvent alors renoncer à croire que les meneurs les aiment et pourvoient donc à leur subsistance. Cette proposition permet d'expliquer les phénomènes de soumission. Ainsi croire en la parole du meneur devient « vital », car elle garantit la « non-mort » des menés, elle pèse comme une menace, imaginaire, mais qui entraîne le sentiment de la dette, également imaginaire, lequel peut expliquer la soumission pacifique au travail, mais la soumission aussi à des préceptes religieux. On retrouve ici la pulsion d'autoconservation de Freud, qu'on peut aussi rapprocher du conatus de Spinoza. Cela suppose néanmoins l'existence de maîtres assurant les *Idéaux de Nous* en substitution des *Idéaux du Moi* des menés. Ce qui amène Geffray à poser le désir du maître ou d'amour du maître. Cela permet d'expliquer le passage du désir narcissique au désir social, qui remplit la même fonction : le souci de conservation du *Moi*. Ainsi le discours des maîtres produirait « le générateur symbolique de toute la chaîne imaginable des « substituts du père » »[102]. Le maître serait un meneur particulier structurant l'espace social : le maître incarne l'idéal pour les dominés.

[101] Ibid., p. 172.
[102] Ibid., p.182.

Le renoncement à soi

On retrouve le besoin du père, c'est-à-dire le besoin de protection qui nous garantit à la fois contre les éléments extérieurs, contre les autres et aussi contre soi-même. Il s'agit de ne pas être abandonné, de ne pas être livré à soi-même, donc de s'abandonner à d'autres. On peut véritablement parler d'abandon de soi, d'un abandon encore plus radical et peut-être peut-on y voir ce refus de la coupure, de la séparation, de la distance. En ce sens, on ne peut éviter de faire une fois de plus le rapprochement entre la psychanalyse et l'analyse de Spinoza. Pour ce dernier, nous avons besoin d'imiter les autres, d'imiter leurs affects, de les prendre comme modèles, d'être liés à eux car ce sont les plus proches dans la nature, car « chacun désire vivre, autant que faire se peut, en sécurité et à l'abri de la crainte »[103]. Or, avant que l'homme n'ait trouvé le chemin de la raison, qui prend d'ailleurs beaucoup de temps et n'est peut-être pas accessible à tous, il est soumis à ses passions et réagit en fonction d'elles. N'étant justement pas encore éclairé par la raison, qui ne concerne que notre nature, il suit les lois de la nature universelle et se soumet à elles : « car la nature n'est pas bornée par les lois de la raison humaine qui ne visent que ce qui est vraiment utile aux hommes et à leur conservation, mais elle est régie par une infinité d'autres lois qui concernent l'ordre éternel de la nature entière dont l'homme est une petite partie. »[104] Celles-ci nous incitent nécessairement à chercher l'augmentation de notre puissance d'exister, mais elles ne nous indiquent pas toujours le meilleur chemin pour y parvenir et si la nature « leur a refusé la puissance actuelle de vivre selon la saine raison, en

[103] Spinoza, 1999, p. 511.
[104] Ibid., p. 509.

vertu de quoi ils ne sont pas plus tenus de vivre selon les lois d'une intelligence saine que le chat de vivre selon les lois de la nature du lion. »[105] Dans l'ignorance, nous sommes assujettis à ces passions et aussi à ceux qui savent les utiliser et s'en servir pour dominer, mais ici rappelons-le, il ne s'agit pas d'affirmer que nous avons affaire à une soumission volontaire, décidée consciemment, mais des simples lois de la nature desquelles nous dépendons d'autant plus que nous ne les avons pas comprises.

Cela peut donner lieu, comme dans les partis politiques ou les mouvements religieux, au même désir de reconnaissance et de sécurité, comme si l'on était incapable de rompre le lien maternel tout en sollicitant la protection du père parfois menaçant, mais dont on veut être aimé. On assiste ainsi à une forme de régression et à une véritable infantilisation, entretenues par ceux qui dominent. Cela peut consister à prendre au sérieux les guignols qui font les maîtres, dans l'espoir d'échapper à la mort.

Toutefois, si nous avons pu voir avec Geffray comment se constitue le *Nous* et *l'Idéal du Nous*, qui n'est pas une « âme collective », mais qui permet l'identification qui joue dans la masse, ce *Nous* semble supposer une « communauté de sentiment » et s'incarne dans le meneur. Cependant, certaines masses provisoires ou durables se constituent sans que l'on ne puisse même repérer une « communauté de sentiment », sinon à reconnaître une frustration inhérente à toute édification humaine, ou qui se constituent sans leader. Pour les masses sans « communauté de sentiment », on peut faire référence ici à l'expérience menée en 1967 aux Etats-Unis par Ron Jones au sein de sa classe et connue sous le nom « troisième vague » et qui a été reprise aussi notamment dans le roman de Morton Rhue *La vague*. Dans cette

[105] Ibid.

expérience, hormis le fait qu'on ait affaire à une classe d'un lycée, il n'existe aucun sentiment commun de frustration ou de non-reconnaissance. Des mécanismes de soumission vont se mettre en place sous la dictée du leader (l'enseignant) mais sans qu'aucune idéologie, ni même aucune cause ne soient mises en évidence. Chacun des individus va y trouver son compte (intégration, reconnaissance, sécurité, émulation, solidarité, ...) du fait simplement de l'appartenance au groupe. Ce que nous voulons souligner ici c'est que pour faire masse, il n'est pas nécessaire d'avoir un passé **commun** de frustration, ce qui fait masse c'est peut-être aussi, et ici Geffray n'en parle pas, la pulsion de mort, le désir de revenir à un état antérieur inanimé où le conflit, le danger, l'autre, n'existent pas. De fait, dans les masses on note souvent une profonde régression : infantilisation, compensation narcissique, demande d'amour, sentiment de puissance... qui au fond nient l'individuation au profit d'un « individu » pris dans la masse. Aussi ce renoncement à soi, cette « acceptation » de la soumission n'est-ce pas une autre façon de vouloir la mort ? N'est-ce pas au fond un retournement de la pulsion de vie contre elle-même ? Freud nous le signale dans son essai *Le Moi et le Ça* : pour la mise en place du Surmoi, et donc celle de l'obéissance, le Moi aide les pulsions de mort « à vaincre la libido, tout en courant le danger de voir ces instincts se diriger contre lui-même et amener à sa destruction. »[106] Oserait-on : un retournement du conatus contre lui-même ? D'une certaine façon, nous pouvons affirmer que oui. En effet, si nous ne travaillons pas à connaître et à comprendre, nous n'augmentons pas notre puissance d'exister, mais au contraire la diminuons, même si nous avons pourtant l'illusion de la satisfaction.

[106] Freud, 1972, p.231

Dans la même perspective, référerons-nous à l'analyse d'Elias Canetti dans *Masse et puissance*. Ce dernier part d'un fait d'observation : les hommes redoutent le contact. Il parle même d'une véritable « phobie du contact » dont il donne de nombreux exemples dans la vie quotidienne (attitude dans les transports en commun, vivacité des excuses en cas de contact involontaire, etc.). Cette phobie du contact définit les limites de la personne, fixées une fois pour toutes par l'individu lors de sa constitution. Canetti ajoute que « c'est seulement dans la masse que l'homme peut être libéré de cette phobie du contact. »[107] L'abandon à la masse inverse cette disposition à une personne aux limites définies. Dans la masse, les individus ne forment plus qu'un seul corps. La question est maintenant de savoir comment se forme une masse. Puisque les individus se définissent ordinairement par les distances (qui sont aussi des distances sociales, entre les classes inférieures et les classes supérieures par exemple), la masse se forme par l'abolition des distances et alors les individus se sentent tous égaux. Ce processus, Canetti le nomme « décharge ». La rage destructrice est souvent la première manifestation de ces « décharges ». Canetti écrit : « il est sûrement vrai que le vacarme de la destruction, les bris de vaisselles, le fracas des vitres contribuent pour une bonne part à la joie qu'on y prend : ce sont les puissants vagissements d'une nouvelle créature, les cris d'un nouveau-né. »[108] Un des traits constitutifs de la masse est son irritabilité particulière contre tous ceux qui n'en font pas partie ; elle n'existe qu'avec des ennemis déclarés et elle se méfie spontanément des tièdes, des indifférents : « quiconque fait partie d'une telle masse abrite en lui un petit traître qui veut manger, boire, aimer et avoir sa tranquillité. Tant qu'il vaque accessoirement à ces

[107] Canetti, 1966, p.12.

[108] Ibid., p.16.

occupations et n'en fait pas trop étalage, on le laisse faire. Mais dès qu'il élève la voix pour se faire entendre, on se met à le haïr et à le craindre. C'est alors qu'on sait qu'il a prêté l'oreille aux appels séducteurs de l'ennemi. »[109]

La perspective de Canetti est résolument, sinon anti-freudienne, du moins a-freudienne. Si Canetti faisait référence à un inconscient, ce serait plutôt un inconscient biologique puisqu'il fait de très nombreux rapports avec les comportements des animaux dont il voit une manifestation particulière dans les comportements des masses humaines (par exemple la chasse, la fuite, etc.). Donc la formation du *Nous* serait un phénomène plus fondamental et plus archaïque que la formation du psychisme humain. Le *Nous* et *l'Idéal du Nous* peuvent se constituer peut-être alors sans désir-social-non-lié. Ce qui est sans doute encore plus étrange, ou plus inquiétant.

Vers une théorie sociale

Allons-nous aujourd'hui vers plus d'émancipation ? Il semblerait bien que, malgré toutes les recherches, toutes les analyses, l'émergence de nouveaux champs de réflexion (psychanalyse, anthropologie…), nous n'ayons pas véritablement progressé. Même plus, sans doute nous orientons-nous vers davantage de barbarie. Comment expliquer cela ? Tout d'abord, la domination existerait depuis toujours, argument percutant s'il en est ! Plus sérieusement, la fin des idéologies a ouvert la voie au retour du refoulé et nous a fait oublier que ce qu'il y a de plus utile à un homme, c'est un autre homme. Ou nous avons décidé de comprendre cette affirmation dans le sens le plus utilitariste qu'il soit : faire de l'autre un moyen.

[109] Ibid., p.21.

Essayons maintenant de tirer quelques conséquences des schémas théoriques que nous avons proposés concernant les mécanismes de la soumission. Le système totalitaire nazi offre évidemment un champ d'investigation privilégié, parce que tout ce qui reste habituellement caché y est développé dans ses conséquences les plus extrêmes. C'est pourquoi nous nous proposons maintenant de nous attacher à l'analyse faite par H. Welzer, dans son livre *Les exécuteurs*[110]. Ce dernier s'interroge sur les conditions et les motivations de ceux qui ont accepté d'obéir aux ordres du IIème Reich et donc de tuer, de supprimer, d'exécuter, pour certains, des milliers de personnes. Un des objectifs de Welzer est d'étudier « ces actes et leurs auteurs »[111] et « de se confronter au fait que la violence a, premièrement, une histoire et des aspects récurrents et, deuxièmement, qu'elle se déroule selon des processus qu'on peut décrire. Il s'agit, en règle générale, dans les violences collectives, non pas d'éruptions inexplicables, mais de scénarios sociaux qui se répètent, avec un début, un milieu et une fin. Ces scénarios sont l'œuvre d'êtres pensants, non de fous furieux. »[112]

Nous avons bien noté que Welzer s'intéresse à la violence des masses, ce qui n'est apparemment pas notre propos, mais nous verrons que nous ne nous en éloignons pas. En effet, il s'agit pour nous de comprendre le phénomène de soumission et, nous pensons l'avoir montré, la soumission l'est par rapport à nos affects, le monde extérieur et les autres et nous fait violence, le « nous » étant entendu aussi bien en tant que sujet que comme genre humain. Et ce qui nous intéresse particulièrement ici est que Welzer ne cherche pas à énoncer des jugements moraux, mais bien à comprendre le processus qui opère dans l'obéissance. Et

[110] Welzer, Gallimard, 2007.

[111] Welzer, 2007, p. 17.

[112] Ibid., p.17.

justement, l'une des premières choses qu'il remarque est que ceux qui ont été « exécuteurs » n'éprouvent après-coup aucun réel remords ou aucune réelle culpabilité, et pourtant ce ne sont pas des « fous furieux », mais des gens « normaux ». La soumission aux ordres oblitère la responsabilité. Finalement les exécuteurs ne sont que des exécutants qui exécutent d'autres êtres en exécutant des ordres, en ce sens ils considèrent qu'ils agissent « bien », qu'ils font ce que l'on attend d'eux. On peut comprendre cela à la lumière de Freud : « Nos sociétés civilisées, qui exigent une bonne conduite, sans se soucier des penchants qui sont à leur base, a ainsi habitué un grand nombre d'hommes à obéir, à se conformer aux conditions de la vie civilisée, sans que leur nature participe à cette obéissance. »[113] C'est-à-dire sans leur permettre de comprendre ce qui se passe dans l'obéissance et sans se préoccuper de leurs mobiles.

Ainsi nous n'avons pas affaire à « un processus de corruption morale », puisqu'ils pensent faire ce que l'on attend d'eux « mais indubitablement à un sentiment préexistant de supériorité et de toute puissance. »[114] Les exécuteurs nazis ne croyaient pas agir comme des êtres immoraux, car comme le remarque Welzer : « le désir d'être vus comme des personnes agissant moralement se retrouve, à ce que j'ai pu constater, chez tous les exécuteurs, quels que soient leur niveau d'instruction, leur place dans la hiérarchie et leur intelligence. »[115] Cela peut s'expliquer par le fait qu'il n'est d'existence humaine qu'au sein de liens sociaux. C'est pourquoi les exécuteurs vont toujours présenter leurs actes comme découlant de nécessités historiques. Cela a pu fonctionner par la mise en place de ce que Freud a appelé le

[113] Freud, 1972, p. 246.
[114] Welzer, 2007, p. 32.
[115] Ibid., p. 34.

phénomène du bouc émissaire. Ainsi, en excluant la communauté juive de la communauté humaine, l'idéologie nazie a réussi à donner un sentiment de fierté aux Allemands : « La fierté se nourrit de la participation active à un projet commun. »[116]

Dans *L'avenir d'une* illusion, Freud avait déjà explicité ce phénomène à propos des civilisations. Ainsi quand une civilisation possède des idéaux et des valeurs, ceux-ci gratifient ceux qui y participent, y compris les plus défavorisés, qui s'en trouvent élevés, « la satisfaction éprouvée à mépriser ceux qui se trouvent à l'extérieur les dédommageant des préjudices subis chez eux »[117], il y « identification des opprimés à la classe qui les domine et les exploite »[118] dans la mesure où l'exposition à la menace sociale devient moindre dans ce cas. Le « narcissisme naturel », c'est-à-dire le fait que l'individu s'aime et cherche à se conserver, est ainsi préservé. On assiste alors à une « alliance de déclassement absolu et d'anoblissement absolu »[119] qui accompagne « un processus social dans lequel l'exclusion sociale d'autres hommes est de plus en plus jugée positive et qui finit par transformer l'interdiction de tuer en obligation de tuer »[120]. Welzer explique qu'il s'agit du passage d'un système de normes à un autre. Ce qu'il souligne est que ce passage peut se faire très rapidement, quelques mois pour ce qui concerne le système nazi : « On comprend que ce ne sont pas seulement des catégories abstraites comme « la société » ou « les formes de pouvoir » qui se transforment en l'espace de quelques mois, mais que ce sont les

[116] Ibid., p. 59.

[117] Freud, 2011, p. 51.

[118] Ibid.

[119] Welzer, 2007, p. 81.

[120] Ibid, p. 19.

hommes eux-mêmes, constituant les sociétés et instituant les formes de pouvoir, qui peuvent changer rapidement dans leurs orientations normatives, leurs convictions en matière de valeurs, leurs identifications et aussi leurs actes les uns envers les autres. »[121] Le propre d'une idéologie est bien de nous échapper, d'être inconsciente mais d'être aussi créée par les hommes eux-mêmes. Et si les hommes peuvent changer rapidement, on peut penser que c'est du fait de la contagion des affects, de leur impact sur nous qui font que « quand les hommes interprètent des situations comme réelles, elles sont réelles dans leurs conséquences. »[122] De plus, cette « contagion » est possible du fait que « les êtres humains n'existent qu'au pluriel, et ils existent dans des espaces sociaux qu'ils ont eux-mêmes créés. »[123]

Aussi, Welzer explique qu'il ne s'agit pas simplement d'une « corruption morale » ou de désinhibition, mais d'un changement de normes. Et la possibilité de la modification des normes s'opère selon trois mécanismes psychologiques. Le premier est la peur de la répression et le fait que « quand on ne sait pas quelles sont les règles, on a tendance à *ne pas* agir. »[124] Où on retrouve les passions tristes décrites par Spinoza… Le deuxième mécanisme est que nous avons tendance à légitimer nos actes, et que répéter les mêmes actes, y compris plier l'échine, participe de cette légitimation. Enfin, par le troisième mécanisme, on finit par s'habituer à des choses qu'on aurait, au début, jugées intolérables. On peut transposer cette analyse du nazisme à toutes les formes de pouvoir totalitaires, y compris aux fanatismes religieux.

[121] Ibid., p. 18.

[122] Ibid., p. 50, extrait des Archives fédérales à Ludwigsburg, BA, B 162/AR-Z 1251/65.

[123] Ibid., p. 52.

[124] Ibid., p. 65.

La soumission conduit ainsi à l'oblitération de tout : de la responsabilité, de l'autre, de soi, bref de l'existence. Et nous rejoignons notre propos : la soumission à laquelle on obéit pour « sauver » sa vie ne mène à rien d'autre qu'à une moindre puissance d'exister, et cela d'autant plus que ceux qui ont refusé d'obéir n'ont pas toujours péri, mais ont parfois été simplement transférés, dans le cas des nazis. Aussi, lorsque les exécuteurs obéissent ce n'est pas tant pour sauver réellement leur vie, mais du fait de l'effet des affects sur eux et la représentation qu'ils s'en sont faite (peur de la répression, de l'exclusion, du regard des autres, etc.).

La soumission

La soumission est constitutive de ce que nous sommes. Le sujet est d'abord assujetti à ses affects, aux conditions mêmes de sa propre existence. Ainsi la soumission est acceptée dans toutes ses dimensions parce que nous croyons y trouver les moyens de notre vie : on croit avoir la paix, la sécurité, etc. Mais elle débouche le plus souvent sur des affects tristes. L'homme soumis (dans tous les cas de figure) ne vit presque pas. Même celui qui domine est soumis au désir de domination, il est aliéné, même s'il trouve la jouissance dans son aliénation. Il se croit libre, émancipé, mais il est soumis au rapport dissymétrique à l'autre. C'est ce que veut dire Hegel dans la figure fameuse de « maîtrise et servitude ». Mais c'est aussi ce que dit Spinoza : le maître qui dépend de son bon plaisir est entièrement soumis à ses passions aveugles (cf. TTP, ch. XVI).

De fait, le mode de production capitaliste, après avoir éliminé ses opposants, nous impose un prêt-à-penser : hors de l'économie de marché, point de salut et depuis toujours il y a eu des puissants qui dominent et des masses qui se soumettent. Cela s'expliquerait par le fait que les hommes dans leur immense majorité n'aiment pas la liberté, en ont peur, bref sont lâches et « adorent » leur servitude, puisqu'il leur suffirait de ne pas prêter main aux tyrans pour qu'ils s'éteignent. Cependant, une fois que l'on a dit cela, on n'a fait qu'accompagner l'idéologie dominante et confirmer que les hommes ne sont pas dignes de la liberté. Seulement, comme nous l'avons vu avec Spinoza et Freud, notre rapport au monde est d'abord le rapport à l'autre. Mais dans nos sociétés modernes, les capitalistes ne sont pas des meneurs, ni des maîtres, ils ne cherchent pas à susciter l'amour, ni à incarner la Loi, ils sont eux-mêmes pris par les objets de la demande. Ils sont affectivement neutres. Ainsi, les individus se trouvent-ils renvoyés totalement à eux-mêmes comme à leur propre maître, d'où cette émergence forte de l'individualisme. Avec l'avènement de ce que l'on a appelé néolibéralisme, on a justement assisté à une séparation des hommes, à une atomisation et à la mise en place d'un pouvoir relativement doux qui offre le divertissement au peuple pourvu qu'il veuille rester enfant et se laisser manipuler, ce qui a pour conséquence également de favoriser le narcissisme. Cependant, cela n'évite pas une terrible souffrance qui, paradoxalement, contribue à la mise en place de l'inversion des valeurs : ce qui est bien désormais c'est l'injustice sociale et celui qui s'y oppose est au mieux un illuminé dont on rit, au pire un ennemi à éliminer. Toutefois, tout cela ne fonctionne pas par une décision délibérée, mais répond au mécanisme de fonctionnement de la nature : persévérer dans son être. Néanmoins, en restant au stade de l'imagination, nous croyons poursuivre notre utile propre, nous confondons effet de la réalité sur nous et réalité elle-même, d'autant plus facilement que tout est mis en place pour cela : développement de la société de consommation, développement des media, des mondes virtuels, qui nous fournissent une illusion de bonheur. Noyés dans ces océans de marchandises, noyés dans le monde des choses, séparés les uns des autres, nous ne savons plus contre qui nous battre pour accéder à la liberté. Cela se retrouve dans le système économique, tant au niveau du marché lui-même que des entreprises, dont les grands-patrons ne connaissent absolument pas les employés. Ce qui est mis en place par le libéralisme économique est un système mortifère et de perversion : libre-concurrence, jouissance immédiate, injonctions contradictoires et anonymes parfois, abolition de la pensée remplacée par la procédure, fin de la relation investie, on a inversé le réel : on a dénié aux hommes leur humanité pour faire croire à une volonté du marché.

En parallèle, l'État moderne est le lieu de la déliaison des dominants et des dominés : tous sont égaux, ce qui légitime toutes les formes de darwinisme social. Cette substitution peut expliquer la nostalgie du maître et l'émergence du retour du *refoulé* à travers le racisme et l'antisémitisme, mais aussi toutes les formes de terrorisme, ainsi que l'« angoisse sociale ». Dans cette situation, les populations ne parviennent plus à s'aimer sans maître, d'où la brèche ouverte pour le meneur (*Duce, Führer*). En cela, les idéologues d'extrême droite cherchent à abolir la séparation de la loi et des dominants : il faut des maîtres. A l'inverse, les idéologues d'extrême gauche veulent accomplir la séparation jusqu'au bout et récusent l'existence de dominants : refoulant le désir du maître, ils revendiquent égalité et émancipation. Ces désirs ont en commun d'être socialement inconscients et d'avoir été refoulés dans le même mouvement : on pourrait dire au nom du conatus. Freud, dans ses *Essais de psychanalyse*[125], pensait que les sentiments religieux et les liens libidinaux qui en découlent étaient en train de décroître. Or, il s'avère que depuis environ trente ans, on assiste à un retour du religieux, notamment des fondamentalismes, des

[125] Freud, 1972, p. 119

intégrismes, des fanatismes… et que le terme « Islam » signifie « soumission ».

Alors servitude ou liberté, ignorance ou savoir ? Toutes les politiques gouvernementales concernant l'éducation ne cherchent pas à faire vivre l'homme sous la conduite de la raison. Les politiques et réformes éducatives vont toujours vers moins de savoir, moins de raison, donc moins de liberté. Moins de savoir, moins de compréhension entraînent plus de soumission. Soumission à la puissance de causes extérieures : peur, craintes, menaces… qui autorise alors toutes les manipulations par les autres. On élimine ainsi peu à peu de l'éducation les instruments qui permettent la compréhension du monde et de soi-même.

C'est pourquoi sans la compréhension de tout cela il ne peut y avoir de transformation réelle. On ne peut se libérer si on est entièrement soumis. Ça explique pourquoi les jeunes vont souvent entre la soumission passive, la débrouillardise individuelle et des explosions de violence sans lendemain.

Pour s'émanciper, il faut déjà l'être un peu ! Paradoxe. C'est le problème qu'avait vu Gramsci : guerre de position, occupation des « casemates » au sein de la vieille société contre la « guerre de mouvement » prônée par les dirigeants russes : avant d'envisager une transformation radicale de la société, il faut déjà occuper des positions dans la vieille société, commencer à gagner l'hégémonie culturelle.

C'est aussi ce qui explique le pessimisme social de Freud et le paradoxal conservatisme de Spinoza, qui pourrait être considéré comme révolutionnaire avant Rousseau, mais qui en même temps évoque « la crainte des masses » dans son double sens : le gouvernement doit craindre les masses et cette crainte devrait l'empêcher de délirer et le conduire à fonder les lois « en droite raison ». Mais d'un autre côté, les masses doivent être tenues par la crainte qui seule, trop souvent, contient les déchainements des passions aveugles, celles qui manifestent ces « *ultimi barbarorum* » auxquels Spinoza fut confronté.

Mais si on ne veut pas tomber dans la misanthropie et la mélancolie, il faut exalter l'homme chaque fois que c'est possible : c'est aussi précisément pour cela que philosopher n'est pas apprendre à mourir mais bien à vivre pleinement et à conquérir sa liberté. C'est en ce sens que la philosophie de Spinoza est émancipatrice, non pas au sens du stoïcien qui se veut libre intérieurement, mais socialement : le sage vit au milieu des autres hommes et doit leur faire partager ce qu'il a lui-même compris.

Conclusion

Que des gens soient croyants, qu'ils croient en tel ou tel Dieu, en soi ne pose aucun problème, en tout cas pas aux autres. Là où les choses commencent à devenir problématiques, c'est quand ces croyants veulent imposer aux autres ce qu'ils croient. Certes on peut dire que l'athée est un croyant qui croit que Dieu n'existe pas, mais il n'empêche pas les autres de croire qu'il existe. C'est ce que l'on appelle la tolérance. Et la laïcité consiste bien en cette tolérance : admettre que chacun ait telle ou telle croyance. En revanche, en autorisant la liberté de culte, l'idée de laïcité récuse en même temps la possibilité que les croyances viennent interférer dans l'espace public. Et pourquoi cela ? Parce que justement comme nous l'a montré Freud, toute religion est une illusion, qui plus est une illusion délirante. Elle est tout l'opposé de la rationalité. Comment alors lui confier la direction de notre vie commune ? C'est un véritable suicide collectif !

Certes, nous n'ignorons pas, et nous l'avons analysé avec Spinoza et Freud, que les hommes sont plus conduits par leurs désirs que par leur raison, par leurs craintes que par leur lucidité et leur courage. Mais ce n'est pas parce que nous « fonctionnons » ainsi que nous devons l'accepter. Ce n'est pas parce que les hommes ressentent le besoin de protection, la crainte d'être abandonnés que nous ne devons pas analyser ces désirs et craintes pour les dépasser. Bien au contraire, il est plus que temps de nous y mettre sérieusement.

La satisfaction de soi-même peut naître de la raison et seule la satisfaction qui naît de la raison est la plus haute qui puisse exister, car à ce moment-là l'homme contemple sa puissance d'agir, c'est-à-dire sa puissance de comprendre. La psychanalyse a aussi cette même vocation, se comprendre soi-même pour se libérer des illusions. Freud nous le rappelle dans ses *Nouvelles conférences sur la psychanalyse* (1915-1917) : « l'intellect – ou appelons-le du nom qui nous est familier : la raison – est une des puissances dont nous pouvons le plus attendre une influence unificatrice sur les êtres humains, ces êtres humains qu'il est si difficile de maintenir ensemble et qui sont, pour cela, presque ingouvernables. (…) La contrainte commune d'une telle domination de la raison s'avérera comme le lien unificateur le plus entre les hommes et ouvrira la voie à de nouvelles unifications. Ce qui s'oppose à un tel développement, comme l'interdit de penser dû à la religion, est un danger pour l'avenir de l'humanité. ».[126]

Spinoza et Freud nous expliquent les mécanismes affectifs qui font de nous ce que nous sommes. Ils nous donnent également les moyens de les comprendre et de les dépasser lorsqu'ils nous rendent malheureux. Sortir de l'ignorance, connaître, comprendre la nature et la nature qui est en nous, telles sont leurs préoccupations, non pas seulement pour le simple fait de connaître et de comprendre, mais pour nous permettre de vivre le plus pleinement possible, d'exister le plus possible sans avoir à nous soumettre à des chimères produites par notre propre esprit quand il est dans la crainte et dans l'incompréhension. Il n'est d'autre salut que nous-mêmes.

[126] Freud, 1984, p.228-229.

Bibliographie

Billecocq, Alain, *Les combats de Spinoza*, Ellipses, collection « Polis », 1997.

Canetti, Elias, *Masse et puissance*, Gallimard, 1966, traduit de l'allemand par Robert Rovini.

Deleuze, Gilles, *Spinoza et le problème de l'expression*, éditions de Minuit, collection « Arguments », 1968.

Freud, Sigmund, *Une difficulté de la psychanalyse*, Classiques des sciences sociales, traduction de Marie Bonaparte, 1933.

Freud, Sigmund, *Moïse et le monothéisme*, Gallimard, 1948.

Freud, Sigmund, *Totem et Tabou,* Petite Bibliothèque Payot, 1965.

Freud, Sigmund, *Contribution à l'histoire du mouvement psychanalytique*, in *Cinq leçons de psychanalyse*, Petite Bibliothèque Payot, 1966.

Freud, Sigmund, *Essais de psychanalyse*, Petite Bibliothèque Payot, 1972.

Freud, Sigmund, *Freud présenté par lui-même*, Gallimard, 1984.

Freud, Sigmund, *Nouvelles conférences sur la psychanalyse*, Gallimard, 1984.

Freud, Sigmund, *Malaise dans la civilisation*, Petite Bibliothèque Payot, 2010.

Freud, Sigmund, *L'avenir d'une illusion*, Seuil, collection « Points essais », 2011, traduction de Bernard Lortholary.

Geffray, Christian, *Le Nom du Maître*, Arcanes, collection « Hypothèses », 1997.

Laborit, Henri, in *Mon oncle d'Amérique*, film d'Alain Resnais, 1980.

Laborit, Henri, *Biologie et structure*, Gallimard, collection NRF « Idées », 1968.

Macherey, Pierre, *Introduction à l'Ethique de Spinoza, la première partie : la nature des choses,* PUF, collection « les grands livres de la philosophie », 1998.

Macherey, Pierre, *Introduction à l'Éthique de Spinoza, la seconde partie : la réalité mentale*, PUF, collection « Les grands livres de la philosophie », 1997.

Macherey, Pierre, *Introduction à l'Éthique de Spinoza, la troisième partie : la vie affective*, PUF, collection « Les grands livres de la philosophie », 1995.

Matheron, Alexandre, *Individu et communauté chez* Spinoza, Les Editions de Minuit, collection « Le sens commun », 1988.

Reich, Wilhelm, *L'analyse caractérielle*, Payot, 1992.

Spinoza, *Éthique*, Seuil, collection « L'ordre philosophique », 1988, traduction de Bernard Pautrat.

Spinoza, *Traité théologico-politique,* in Œuvres III, PUF, 1999, traduit par Jacqueline Lagrée et Pierre-François Moreau.

Terestchenko, Michel, *Un si fragile vernis d'humanité*, La découverte, 2005.

Welzer, Harald, *Les exécuteurs*, Gallimard, collection NRF « Essais », 2007, traduit de l'allemand par B. Lortholary.

Table des matières

Structures éditoriales du groupe L'Harmattan

L'Harmattan Italie
Via degli Artisti, 15
10124 Torino
harmattan.italia@gmail.com

L'Harmattan Hongrie
Kossuth l. u. 14-16.
1053 Budapest
harmattan@harmattan.hu

L'Harmattan Sénégal
10 VDN en face Mermoz
BP 45034 Dakar-Fann
senharmattan@gmail.com

L'Harmattan Cameroun
TSINGA/FECAFOOT
BP 11486 Yaoundé
inkoukam@gmail.com

L'Harmattan Burkina Faso
Achille Somé – tengnule@hotmail.fr

L'Harmattan Guinée
Almamya, rue KA 028 OKB Agency
BP 3470 Conakry
harmattanguinee@yahoo.fr

L'Harmattan RDC
185, avenue Nyangwe
Commune de Lingwala – Kinshasa
matangilamusadila@yahoo.fr

L'Harmattan Congo
67, boulevard Denis-Sassou-N'Guesso
BP 2874 Brazzaville
harmattan.congo@yahoo.fr

L'Harmattan Mali
Sirakoro-Meguetana V31
Bamako
syllaka@yahoo.fr

L'Harmattan Togo
Djidjole – Lomé
Maison Amela
face EPP BATOME
ddamela@aol.com

L'Harmattan Côte d'Ivoire
Résidence Karl – Cité des Arts
Abidjan-Cocody
03 BP 1588 Abidjan
espace_harmattan.ci@hotmail.fr

L'Harmattan Algérie
22, rue Moulay-Mohamed
31000 Oran
info2@harmattan-algerie.com

L'Harmattan Maroc
5, rue Ferrane-Kouicha, Talaâ-Elkbira
Chrableyine, Fès-Médine
30000 Fès
harmattan.maroc@gmail.com

Nos librairies en France

Librairie internationale
16, rue des Écoles – 75005 Paris
librairie.internationale@harmattan.fr
01 40 46 79 11
www.librairieharmattan.com

Lib. sciences humaines & histoire
21, rue des Écoles – 75005 Paris
librairie.sh@harmattan.fr
01 46 34 13 71
www.librairieharmattansh.com

Librairie l'Espace Harmattan
21 bis, rue des Écoles – 75005 Paris
librairie.espace@harmattan.fr
01 43 29 49 42

Lib. Méditerranée & Moyen-Orient
7, rue des Carmes – 75005 Paris
librairie.mediterranee@harmattan.fr
01 43 29 71 15

Librairie Le Lucernaire
53, rue Notre-Dame-des-Champs – 75006 Paris
librairie@lucernaire.fr
01 42 22 67 13